AF524151

FIT-IM-KOPF-
Vorlesebücher

Pack die Badehose ein!

REISEGESCHICHTEN

zum Gedächtnistraining
mit Übungen für Senioren

Petra Jahr | Sabine Kelkel

Verlag an der Ruhr

Impressum

Titel
Fit-im-Kopf-Vorlesebücher für Senioren
Pack die Badehose ein!
Reisegeschichten zum Gedächtnistraining mit Übungen

Autorinnen
Petra Jahr, Sabine Kelkel

Motive für Umschlag, Schmutztitel und Kapiteldeckblätter
Frau: © zolotareva_elina, Zahnräder: © cirquedesprit – stock.adobe.com

Icons Innenteil
Zahnräder: © cirquedesprit – stock.adobe.com

Lektorat
Melanie Schölzke

Layout
Melanie Reich, ideenreich

Druck
Grafisches Centrum Cuno, Calbe, DE

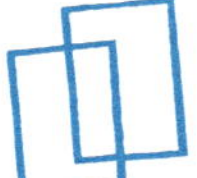

Verlag an der Ruhr
Mülheim an der Ruhr
www.verlagruhr.de

ISBN 978-3-8346-4267-7

Inhaltsverzeichnis

Merkgeschichten

Bewegungsgeschichten

Knobelgeschichten

Wahrnehmungsgeschichten

Wichtiger Hinweis

Die Inhalte im Buch sind von den Autorinnen mit großer Sorgfalt erarbeitet und ausgewählt worden, stellen jedoch keine therapeutischen Maßnahmen dar. Nehmen Sie dennoch eine genaue Prüfung entsprechend Ihrer Situation vor und wägen verantwortungsvoll ab, welche Übungen Sie mit welchen Personen durchführen. Wenn Unsicherheiten oder bereits bestehende Erkrankungen/Allergien vorliegen, klären Sie die Anwendung mit der Pflegedienstleitung oder dem behandelnden Arzt bzw. der behandelnden Ärztin ab.

Die Autorinnen und der Verlag übernehmen weder für die Aktualität, Korrektheit und Vollständigkeit der bereitgestellten Inhalte eine Gewähr noch dafür, dass diese für Ihren individuellen Einzelfall geeignet und ausreichend sind. Alle Inhalte dienen ausschließlich der Information, ebenso wie deren Durchführung ausschließlich in eigener Verantwortung des*der Anwender*in erfolgt.

Merkgeschichten

Mit diesen Geschichten trainieren Sie die **Merkfähigkeit**, um das Arbeitsgedächtnis (Kurzzeitgedächtnis) und das Erinnerungsvermögen wieder in Schwung zu bringen.
Die Fitness des Arbeitsgedächtnisses ist in jeder Situation unseres Lebens von Bedeutung. Ein gezieltes Training steigert unsere Merkfähigkeit und verringert zugleich die Ursachen für Vergesslichkeit. Wer sich also im Alltag mehr Dinge merken möchte, für den sind die Geschichten dieses Kapitels genau das Richtige.

Kofferpacken

Die folgende **Merkgeschichte** beinhaltet unterschiedliche Kleidungsstücke in unterschiedlichen Farben. Lesen Sie die Geschichte langsam vor und stellen Sie den Teilnehmern vorab – je nach Leistungsfähigkeit – eine oder mehrere der folgenden Aufgaben:

- Merken Sie sich, wer für die Urlaubsreise den Koffer packt. *(Hertha)*
- Merken Sie sich, wohin die Reise geht. *(Mallorca)*
- Merken Sie sich die Farbe des Koffers, der gepackt wird. *(pink)*
- Merken Sie sich, welche Kleider Hertha für den Gala-Abend einpackt. *(schwarzes Spitzenkleid und dunkelblaues Kleid mit dezentem Blumenmuster)*
- Merken Sie sich die Farben von Herthas Badeanzügen. *(lilafarben, schwarz-weiß gestreift, mit Blümchen in pink und gelb)*
- Merken Sie sich, welche Kleidung für die geplante Wandertour eingepackt wird. *(khakifarbene Hose, ein passendes Shirt, eine dunkelbraune Weste und Wanderschuhe)*
- Merken Sie sich, welche Kleidungsstücke Hertha zum Kombinieren mitnimmt. *(zwei blaue Jeanshosen, weiße und gelbe Bluse, rotes und blaues Poloshirt, weißer Rock mit eingearbeiteter Häkelspitze, grüne Bluse, Bermudahose, Top mit Papageienmotiv)*

Kofferpacken

Hertha liebt es, in den Urlaub zu fahren. Wenn nur nicht das Kofferpacken wäre.
Meistens hat sie entweder viel zu viel oder das Falsche eingepackt. Und so steht sie auch heute unschlüssig vor ihrem Kleiderschrank, denn morgen soll es für sieben Tage nach Mallorca gehen.

Hertha ruft sich die Hotelbeschreibung in Erinnerung.
Einmal in der Woche findet ein Gala-Abend statt und es wird um entsprechende Kleidung gebeten, das weiß sie noch. Soll sie dafür ihr schwarzes Spitzenkleid einpacken oder besser ihr dunkelblaues Kleid mit dezentem Blumenmuster? Hertha kann sich einfach nicht entscheiden und seufzt tief auf. Dann beschließt sie, beide Kleider mitzunehmen. „Man kann ja nie wissen", denkt sie sich.
Ach ja, und an einem anderen Tag veranstaltet das Hotel einen Flamenco-Abend. Da würde eigentlich Herthas Flamenco-Kleid gut passen. Das Kleid stammt aus der Zeit, in der sie an der Volkshochschule einen Flamenco-Kurs besucht hat. Kurzerhand packt sie das rot-weiß getupfte Kleid mit seinen üppigen Spitzenvolants in ihren pinkfarbenen Koffer. „Vielleicht kann ich sogar einen meiner erlernten Flamenco-Tänze aufs Parkett legen", überlegt Hertha. Bei diesem Gedanken wächst sogleich ihre Vorfreude. Fast hätte sie vergessen, ihre Kastagnetten einzupacken, doch diese müssen natürlich auf jeden Fall mit.

Nach und nach füllt Hertha ihren Koffer mit weiteren Kleidungsstücken. Für die Zeiten am Strand und am Swimmingpool kommen in diesen ein lilafarbener Badeanzug, ein schwarz-weiß gestreifter und zudem ihr Lieblingsbadeanzug mit den Blümchen in pink und gelb. Selbstverständlich dürfen auch die hübschen goldenen Badesandaletten mit den Strasssteinen nicht fehlen.

Knobelgeschichten

Die Knobelgeschichten turnen das Gedächtnis Ihrer Senioren wieder wach! Es werden, je nach Geschichtenart, unterschiedliche Trainingsziele verfolgt, wie z. B. assoziatives und logisches Denken, Wortfindung, Urteilsfähigkeit, Denkflexibilität und Langzeitgedächtnis.

Wahrnehmungsgeschichten

Laden Sie Ihre Senioren dazu ein, in Gedanken auf Sinnesreisen zu gehen! Ein gezieltes Training unserer Sinne trägt dazu bei, dass wir unsere Umwelt bewusster wahrnehmen. Die Wahrnehmungsgeschichten regen dazu an, etwas bewusst mit einem, mehreren oder allen Sinnen aufzunehmen. Die Auslassungszeichen innerhalb der Geschichten kennzeichnen kurze Lesepausen, damit Ihre Teilnehmer ausreichend Zeit haben, die Wahrnehmungen besser zu empfinden.

■ Zum Aufbau der Geschichten

Jede Geschichte setzt sich aus einer **kurzen Anleitung** für Sie als Vorleser inkl. individuell einsetzbaren **Merkaufgaben**, der jeweiligen **Geschichte** selbst und **drei anschließenden Gedächtnisübungen** zusammen, die Sie optional im Anschluss an eine Geschichte stellen können. Dabei steigern sich sowohl die Merkaufgaben als auch die drei anschließenden Gedächtnisübungen im Schwierigkeitsgrad – von leicht bis schwer.

■ Tipps und Hinweise zum Einsatz

Wichtig ist, dass Sie als Anleiter alle Übungen an die **individuelle Leistungs- und Konzentrationsfähigkeit** Ihrer Teilnehmer anpassen. Wertschätzen Sie jede Äußerung – egal ob richtig oder falsch. Unterstützen Sie Ihre Teilnehmer bei Bedarf und lenken Sie Antworten in die richtige Richtung, nehmen aber keine vorweg.

Lesen Sie die Geschichten und Aufgabenstellungen unbedingt in einem **langsamen Tempo** und mit **klarer, deutlicher Stimme** vor, damit Ihre Senioren genügend Zeit haben, diese aufzunehmen.

© Verlag an der Ruhr | Autorinnen: Petra Jahr, Sabine Kelkel | ISBN 978-3-8346-4267-7

Fit-im-Kopf-Vorlesebücher für Senioren
Pack die Badehose ein!
Reisegeschichten zum Gedächtnistraining mit Übungen

Fit im Kopf bleiben Ihre Senioren mit diesem Vorlesebuch zum Gedächtnistraining! Es beinhaltet kurze, an der Lebenswelt der Senioren orientierte **Vorlesegeschichten aus dem Alltagsleben** mit **integrierten Gedächtnisübungen**, an denen sowohl **geistig fitte Senioren** als auch **Menschen mit beginnender Demenz** ihre Freude haben. Die Kurzgeschichten trainieren ganzheitlich alle Hirnleistungsbereiche, wie z. B. Konzentration, bildhaftes Vorstellungsvermögen, Wortfindung und Kreativität, aber auch logisches, assoziatives und flexibles Denken.

Zum Einsatz des Buches

■ Die Kapitel

Die Geschichten im Buch setzen sich aus vier Kapiteln zusammen:

Merkgeschichten

Mit den Merkgeschichten helfen Sie dem Gedächtnis Ihrer Senioren auf die Sprünge! Die Merkfähigkeit ist u. a. von Stimmung, Interesse und Konzentration abhängig. Mit den Merkaufgaben zu diesen Geschichten trainieren Sie die wichtige Alltagsfähigkeit, Informationen kurz- oder langfristig zu speichern und wieder abzurufen.

Bewegungsgeschichten

Mit den Bewegungsgeschichten kommen Ihre Senioren richtig in Schwung! Die Bewegungsübungen steigern die Hirndurchblutung, die wesentlich zur Gesundheit und Funktion des Gehirns beiträgt und dadurch deutlich seine Leistungsfähigkeit erhöht. Diese Geschichten sind meist gekoppelt mit weiteren Trainingszielen, wie Koordination oder flexiblem Denken.

Achtung: *Berücksichtigen Sie unbedingt die Bewegungsfähigkeit Ihrer Teilnehmer. Bei Bewegungseinschränkungen machen diese nur so weit mit, wie es ihre Beweglichkeit erlaubt.*

Für die geführte Wandertour, die Hertha im Reisebüro gleich mitgebucht hat, packt sie eine khakifarbene Hose, ein passendes Shirt und eine dunkelbraune Weste ein. Außerdem ihre Wanderschuhe, die viel Platz im Koffer einnehmen. Da die Wanderung jedoch ins Gebirge gehen soll, muss sie wohl oder übel in den sauren Apfel beißen. Dafür spart sie die Regenjacke ein, die sie beim Wandern in Österreich bisher immer gebraucht hat. Doch für den Wanderausflug auf Mallorca ist ja nicht mit Regen zu rechnen.

Hertha überlegt weiter, was sie noch alles für den Urlaub braucht. Zum Bummeln an der Strandpromenade und für abends im Hotel wählt sie Kleidungsstücke zum Kombinieren. Sie nimmt zwei blaue Jeanshosen mit, die sie mit einer weißen und gelben Bluse sowie einem roten und blauen Poloshirt abwechselnd anziehen wird. Zu ihrem weißen Rock mit eingearbeiteter Häkelspitze wählt Hertha eine grüne Bluse, zur Bermudahose ein Top mit Papageienmotiv.
Stück für Stück findet so seinen Platz im Koffer. Zwischendurch überprüft Hertha immer wieder, ob sich dieser auch gut verschließen lässt. Zudem sieht sie dann, wie viel sie noch einpacken kann.
Nachdem sie die Unterwäsche, die Schuhe und den Toilettenbeutel verstaut hat, kann der Koffer endgültig zubleiben. Puh, Hertha atmet auf. Das Werk ist vollbracht.

Dieses Mal, da ist sich Hertha sicher, ist das Richtige im Koffer eingepackt. Sie hat sogar noch etwas Platz, um bei der Rückreise ein schönes Mitbringsel zu verstauen. Bestimmt wird sie auf einem ihrer Marktbesuche etwas Passendes finden. Vielleicht eine Handtasche? Oder doch lieber was zum Anziehen oder …

Gedächtnisübungen

1. Kofferpacken nach dem Abc

Die Teilnehmer nennen reihum zu den Buchstaben des Alphabets Dinge für den Urlaubskoffer. Dabei sollen die Gegenstände jeweils eine Farbe haben, die mit dem gleichen Buchstaben beginnt.

Beispiele: anthrazitfarbener **A**norak, **b**laue **B**luse, **c**urrygelbe **C**aprihose

Tipp: Die Antworten können an ein Flipchart oder eine Tafel geschrieben werden. Die Teilnehmer suchen nach Gemeinsamkeiten, wie z. B. Sommer- und Winterkleidung, Accessoires …

2. Sehenswürdigkeiten in deutschen Städten

Nennen Sie Sehenswürdigkeiten deutscher Städte.
Ihre Teilnehmer ergänzen, wo diese zu finden sind.

Beispiele:

a. Semperoper = **Dresden**
b. Dreikönigsschrein = **Köln**
c. Wartburg = **Eisenach**
d. Deutsches Eck = **Koblenz**
e. Holstentor = **Lübeck**
f. Michel = **Hamburg**

3. Fantasiegeschichte

Die Teilnehmer nennen zu den Buchstaben des Wortes „Mallorca“ passende Substantive, also Gegenstände, Lebewesen oder Sachverhalte. Schreiben Sie die Antworten an ein Flipchart oder eine Tafel. Anschließend sucht sich jeder Teilnehmer mindestens fünf der Wörter aus und schreibt eine Reisegeschichte, in der diese vorkommen.

Beispiele: Mayonnaise, **A**horn, **L**edersessel …

Wandern im Salzburger Land

In der folgenden **Merkgeschichte** geht es um eine Wandertour im Salzburger Land. Lesen Sie die Geschichte langsam vor und stellen Sie den Teilnehmern vorab – je nach Leistungsfähigkeit – eine oder mehrere der folgenden Aufgaben:

- Merken Sie sich, wer eine Wandertour unternimmt. *(die drei Freunde Markus, Marius und Philipp)*
- Merken Sie sich, wo die erste Wanderung hinführen soll. *(zum Aussichtspunkt „Schöner Blick")*
- Merken Sie sich den Namen der Station, an der die Freunde Getränke kaufen könnten. *(Durstlöscher)*
- Merken Sie sich, wie der Startpunkt der zweiten Wandertour heißt. *(Ursprungsalm)*
- Merken Sie sich das Ziel der zweiten Wandertour. *(Gipfelkreuz der Steierischen Kalkspitze)*
- Merken Sie sich, in welcher Höhe sich das Gipfelkreuz befindet. *(in fast 2 500 Metern Höhe)*
- Merken Sie sich, was die drei in Salzburg unternehmen. *(die Stadt erkunden, die Festung Hohensalzburg besichtigen, Salzburger Nockerln essen und Salzburger Mozartkugeln kaufen)*

Wandern im Salzburger Land

Die drei Freunde Markus, Marius und Philipp haben drei schöne Tage vor sich. Sie fahren zum Wandern ins Salzburger Land.
In ihrem Hotel angekommen, beziehen sie rasch ihre Zimmer. Dann machen sie sich gleich zu ihrer ersten kleinen Wanderung auf. Es soll zum Aussichtspunkt „Schöner Blick" gehen.
Im Wald zeigt die erste Wegmarkierung aber auf einen abwärtsführenden Pfad. „Einen schönen Blick, den muss man doch von oben haben", rufen Marius und Philipp wie aus einem Mund und überreden Markus, bergauf zu gehen. Doch nach einer knappen halben Stunde ist der Weg ganz schmal geworden. Ob er sie ans Ziel bringt, wissen sie nicht, also kehren sie um.
„Den Marsch hätten wir uns sparen können", meint Markus, „vermutlich wären wir schon fast am Aussichtspunkt angekommen, wenn wir der Wegmarkierung gefolgt wären."
Nach einer weiteren halben Stunde kommen die drei mitten im Wald an einer Station namens „Durstlöscher" vorbei. Diese erweist sich als Hundehütte. Tatsächlich steht in ihr ein Kasten mit unterschiedlichen Getränken, die man für zwei Euro kaufen kann. Ob man bezahlt, wird nicht kontrolliert.
Markus, Marius und Philipp fällt auf einmal ein Rauschen auf.
„Hört sich an wie ein Wasserfall", sagt Marius. Die drei Freunde werden neugierig und setzen ihren Weg fort. Sie folgen dem Rauschen, das immer lauter wird. Es dauert nicht lange und sie treffen auf eine Mühle. Von dort führt sie ein schmaler Pfad zum Wasserfall. Da es bereits später Nachmittag ist, beschließen sie, zu ihrem Hotel zurückzugehen.

Der nächste Tag beginnt mit einem deftigen Frühstück mit Eiern und Speck. Um 8.00 Uhr brechen sie auf und fahren Richtung Schladming. Startpunkt ihrer heutigen Wandertour ist die „Ursprungsalm".

Die Autofahrt dauert etwa eine Stunde und führt über eine private Mautstraße. Vom Parkplatz aus starten die drei Freunde mit ihrer Wanderung. Nach circa 30 Minuten Anstieg kommen sie zum Giglachsee. Während die meisten anderen Wanderer ihren Weg entlang des Sees fortsetzen, schlagen Markus, Marius und Philipp die rot-weiß markierte Strecke ein. Dieser Weg wird bald schon zum Trampelpfad, immer wieder ist er sogar mit Schnee bedeckt. Philipp, der nur Laufschuhe und keine Wanderschuhe anhat, muss höllisch aufpassen. Immer wieder rutscht er weg. Je höher die Freunde steigen, desto schöner wird der Panoramablick auf den See und die Berge.

Nach einer knappen Stunde sind sie beim Gipfel der Steierischen Kalkspitze angekommen. In fast 2 500 Meter Höhe thront das Gipfelkreuz, zu dem sie natürlich hochgehen wollen. Der Weg dorthin ist mühsam und nicht ungefährlich. Links geht es ohne jegliche Absicherung steil bergab, rechts befindet sich die Felswand. Als sie das Kreuz erreichen, ist es windig und kalt. Trotzdem werden Erinnerungsfotos gemacht. Die Freunde blicken stolz in die Kamera. Immerhin haben sie es bis nach ganz oben geschafft.
Auf dem Rückweg kommen Markus, Marius und Philipp an einem anderen See vorbei, in dem sich Bergforellen tummeln. Auf der Alm nehmen sie eine herzhafte Brotzeit ein und bewältigen, frisch gestärkt, die Strecke hinunter ins Tal. Nach dem Abendessen im Hotel entspannen sie sich in einer nahe gelegenen Therme. Was für eine anstrengende, aber auch schöne Wanderung haben sie heute doch gehabt.

Den letzten Tag verbringen Markus, Marius und Philipp in Salzburg. Sie erkunden die Stadt und besichtigen die Festung Hohensalzburg hoch über den barocken Türmen der Stadt. Ehe es zurück zum Hotel geht, probieren die drei die berühmten Salzburger Nockerln.
Als Mitbringsel kaufen sie auch noch Salzburger Mozartkugeln.

Gedächtnisübungen

1. Österreichische Städte gesucht

Die Teilnehmer suchen weitere österreichische Städte.

Beispiele: Wien, Graz, Linz, Innsbruck, Klagenfurt, Bregenz, Kufstein …

Tipp: Die Antworten können an ein Flipchart oder eine Tafel geschrieben werden. Die Teilnehmer nennen Besonderheiten der Städte.

2. „Salz" – Zusammengesetzte Wörter gesucht

Lesen Sie die nachfolgenden Umschreibungen vor. Die Teilnehmer nennen die passenden Lösungswörter, die mit dem Wort „Salz" beginnen.

Beispiele: Großstadt in Niedersachsen = **Salzgitter**

a. Bestimmte Umhüllung von Fleisch oder Fisch beim Kochen = **Salzkruste** oder **Salzmantel**
b. Landschaft in Österreich = **Salzkammergut**
c. Bastelmasse = **Salzteig**
d. Waldstelle, an der man Salz für das Wild auslegt = **Salzlecke**

3. Österreich-Quiz

Stellen Sie nachfolgende Fragen. Die Teilnehmer geben die Antworten.

Beispiele:

a. Welche Farben hat die österreichische Flagge? *(rot-weiß-rot)*
b. Wie viele Bundesländer hat Österreich? *(neun)*
c. Wie heißt der höchste Berg Österreichs? *(Großglockner)*
d. Wann begehen die Österreicher ihren Nationalfeiertag? *(26. Oktober)*

Fremde Länder, fremde Sitten

In der folgenden **Merkgeschichte** geht es um Umgangsformen in verschiedenen Ländern. Lesen Sie die Geschichte langsam vor und stellen Sie den Teilnehmern vorab – je nach Leistungsfähigkeit – eine oder mehrere der folgenden Aufgaben:

- Merken Sie sich, wie der Reiseleiter in China heißt. *(Herr Chin)*
- Merken Sie sich, wie man sich in Frankreich zur Begrüßung küsst. *(Küsschen rechts, Küsschen links, außer in der Provence, da gibt es erst ein Küsschen links, dann ein Küsschen rechts)*
- Merken Sie sich, mit welcher Hand in Indien gegessen wird. *(mit der rechten)*
- Merken Sie sich den Namen der Familie, bei der Frau Schubert in Japan wohnt. *(Nakamura)*
- Merken Sie sich, von welchen Ländern und welchem Kontinent Frau Schubert erzählt. *(China, Japan, Indien, Dubai, Russland, Afrika, Frankreich, Belgien, Holland, England, Polen)*
- Merken Sie sich, wie man sich in Japan richtig verhält. *(Straßenschuhe an der Haustür aus- und spezielle Hausschuhe anziehen, beim Gang auf die Toilette dafür vorgesehene Toilettenschuhe tragen)*

Fremde Länder, fremde Sitten

Oma Meier will eigentlich gerade zum Supermarkt gehen, um ihren Wochenendeinkauf zu tätigen. Da trifft sie Frau Schubert, ihre Nachbarin, im Treppenhaus. Frau Schubert ist eine sehr feine, ältere Dame. Sie ist immer adrett gekleidet und weiß sich zu benehmen. Frau Schubert kommt soeben von einer Weltreise zurück. Spontan lädt sie Oma Meier auf eine Tasse Kaffee in ihre Wohnung ein. Beide machen es sich auf dem Sofa bequem und schon erzählt Frau Schubert von ihren Erlebnissen.

Zuerst ist Frau Schubert in China gewesen. Dort hat sie eine nette chinesische Reisegruppe kennengelernt, die sie spontan in ein Restaurant eingeladen hat. Herr Chin, der Reiseleiter, hat Frau Schubert erklärt, dass in China immer der Gastgeber das Essen bestellt. Aus Höflichkeit soll man alles probieren, was angeboten wird, auch wenn man nicht alles mag. Zudem ist es wichtig, geräuschvoll zu essen. Umso lauter man schmatzt und schlürft, umso mehr zeigt man, dass es einem schmeckt. Oma Meier schmunzelt, als sie sich Frau Schubert beim Schmatzen und Schlürfen vorstellt.

Dann ist Frau Schubert weiter nach Japan gereist. Hier hat sie bei Familie Nakamura gewohnt, die sie über ihre Freundin Elisa kennt. Als sie bei Familie Nakamura zu Hause angekommen ist, hat sie an der Haustür sofort ihre Schuhe aus- und speziell für sie bereitgestellte Hausschuhe angezogen. Elisa hat ihr kurz vor der Abreise erklärt, wie wichtig das ist. Erstaunt ist Frau Schubert allerdings gewesen, als sie auf die Toilette gehen will. Dafür hat sie separate Toilettenschuhe tragen müssen.

Ihre weitere Reise führte sie nach Indien. Ein wunderschönes Land mit 1 000 verschiedenen Gerüchen, erzählt Frau Schubert. Oma Meier findet interessant, dass dort mit der Hand gegessen wird. Sie lernt, dass man dazu nie die linke Hand benutzen darf. Die Hand kommt am stillen Örtchen zum Einsatz, wenn kein Klopapier, sondern nur ein Eimer mit Wasser bereitsteht.

Als Nächstes ist es für Frau Schubert weiter nach Dubai gegangen. In einem Restaurant, das wie aus Tausendundeiner Nacht aussieht, hat sie sich ein Glas Wein zum Abendessen bestellt. Der Kellner hat sie freundlich angeschaut, ihr aber erklärt, dass Alkohol trinken in der Öffentlichkeit strengstens verboten ist.
Den krassen Gegensatz hat sie an ihrem nächsten Reiseziel Russland erlebt. Bei einem Abendessen mit einer ehemaligen Geschäftskollegin und deren Freundinnen gibt es zu jedem neuen Glas Wodka einen Trinkspruch. Und es hat viele Trinksprüche an dem Abend gegeben.

Dann ist Frau Schubert weiter nach Afrika auf Safari geflogen. Hier wäre Frau Schubert fast in das nächste Fettnäpfchen getreten, denn sie schaut jedem Menschen tief in die Augen. In Afrika gilt das aber nicht als höflich. Besonders Älteren zollt man hier Respekt, indem man Augenkontakt vermeidet. Auch diese Küsserei in den verschiedenen Ländern hat Frau Schubert ganz durcheinandergebracht, so erzählt sie. In Frankreich gibt es zur Begrüßung Küsschen rechts, Küsschen links. Nur in der Provence ist es anders, da gibt es erst ein Küsschen links, dann ein Küsschen rechts. In Belgien und Holland lautet die Reihenfolge „Küsschen rechts, Küsschen links, Küsschen rechts" – glaubt Frau Schubert zumindest. In England wird gar nicht geküsst. Und in Polen gibt es noch den guten alten Handkuss.

Oma Meier ist begeistert von den vielen verschiedenen Sitten und Bräuchen anderer Länder und freut sich schon, wenn Frau Schubert ihr demnächst ihre Fotos zeigt.

Gedächtnisübungen

1. Brainstorming

Die Teilnehmer überlegen, welche Bräuche und Sitten anderer Länder sie kennen.

Beispiele: In Indien schüttelt man den Kopf, wenn man Ja meint, in England stellt man sich bei einem Bus in einer Warteschlange an …

2. Aladin und die Wunderlampe

Die Teilnehmer dürfen sich wie im Märchen „Aladin und die Wunderlampe" etwas wünschen. Dabei gehen sie in alphabetischer Reihenfolge vor, wobei sie allerdings hinten im Alphabet beginnen.

Beispiel: **Z**elt, **Y**ak, **X**ylofon, **W**ohnmobil, **V**olkswagen …

3. Echte Anagramme

Schreiben Sie die nachfolgenden Beispielwörter an ein Flipchart oder eine Tafel. Ihre Teilnehmer bilden aus allen Buchstaben eines Beispielwortes ein neues Wort. Falls Ihre Teilnehmer Hilfe brauchen, können Sie sie mit den Tipps unterstützen.

Beispiele:	**Lösungen:**	**Tipps:**
a. Lager	Regal	Möbelstück
b. Linse	Insel	von Wasser umgebenes Land
c. Sport	Prost	Trinkspruch
d. Enkel	Nelke	Blume
e. Zart	Arzt	Beruf
f. Atlas	Salat	Speise
g. Leben	Nebel	Wetterphänomen

Zaziki und Sirtaki

Die folgende **Merkgeschichte** beinhaltet unterschiedliche Informationen zu Griechenland. Lesen Sie die Geschichte langsam vor und stellen Sie den Teilnehmern vorab – je nach Leistungsfähigkeit – eine oder mehrere der folgenden Aufgaben:

- Merken Sie sich die Namen der beiden leidenschaftlichen Tänzer. *(Rolf und Iris)*
- Merken Sie sich, seit wann Rolf Sirtaki-Tanzen lernen möchte. *(seitdem er den Film „Der große Grieche" gesehen hat)*
- Merken Sie sich, wohin Iris bei einem Rundtanz gefallen ist. *(mitten in die Blumendekoration)*
- Merken Sie sich den Namen des Stadtbergs von Athen. *(Lykabettus)*
- Merken Sie sich, welche Namen in der Geschichte vorkommen. *(Rolf, Iris, Heinz, Hilde)*
- Merken Sie sich, welche Dinge zum Essen und Trinken in der Geschichte vorkommen. *(Gyros, Zaziki, Ouzo, Fisch, Fleisch, Käse, Gemüse, Obst)*
- Merken Sie sich, was Rolf mit Iris alles in Griechenland unternehmen möchte. *(Akropolis besuchen, in Tavernen essen, in der historischen Altstadt bummeln, mit der Seilbahn zum Stadtberg Lykabettus fahren, in Badebuchten schwimmen, große Markthallen und den Zentralmarkt besuchen)*

Zaziki und Sirtaki

Rolf und Iris sind schon immer zwei leidenschaftliche Tänzer gewesen. Und daran hat sich bis heute nichts geändert.
So ist es nicht verwunderlich, dass sie einmal in der Woche im ortsansässigen Tanzverein das Tanzbein schwingen. Früher haben sie sogar an Tanzturnieren teilgenommen und immer die vordersten Plätze belegt. Einmal gab es einen Pokal für den ersten Platz. Dass dieser Pokal in ihrer Wohnung einen Ehrenplatz erhalten hat, versteht sich von selbst.

Jedes Jahr machen Rolf und Iris Urlaub in einem Land, dessen typischen Tanz sie einüben wollen. Denn für sie steht fest: Am besten macht man etwas dort, wo es seinen Ursprung hat. Nebenbei noch Land und Leute kennenzulernen, hat seinen zusätzlichen Reiz, von den kulinarischen Genüssen ganz abgesehen.

Rolf möchte in diesem Jahr gern nach Griechenland. Seitdem er den Film „Der große Grieche" gesehen hat, möchte er Sirtaki-Tanzen lernen. Iris hat bisher immer gezögert, denn für sie ist der Tanz eher einer für Männer. Außerdem wird ihr bei schnellen Rundtänzen leicht schwindelig. Iris erinnert sich an ein Tanzfestival in Schwaben, an dem die beiden kürzlich teilgenommen haben. Zum Abschluss wurden alle Tänzer auf die Bühne gebeten. Und dabei ist es geschehen: Mitten im Rundtanz wurde ihr auf einmal schwindelig. Sie verlor das Gleichgewicht und landete mit ihrem schönen Trachtenkleid mitten in der Blumendekoration.
„Mein Gott, war das peinlich", denkt Iris, „so was muss ich nicht noch mal erleben, darauf kann ich wirklich gut verzichten. Wie kann ich Rolf nur vom Griechenlandurlaub abhalten?"

„Wir könnten nach Athen fliegen und uns die Akropolis anschauen“, hört sie auf einmal Rolfs Stimme. „Und in den kleinen einheimischen Tavernen kannst du nach Herzenslust Gyros mit Zaziki schlemmen“, überlegt Rolf weiter. „Das magst du doch so gerne und ich trinke Ouzo“, zwinkert er ihr verschmitzt zu.

„In der historischen Altstadt mit all ihren verwinkelten Gassen können wir einen gemütlichen Bummel machen. Auch eine Fahrt mit der Seilbahn zum berühmten Stadtberg von Athen, Lykabettus, soll sehr schön sein“, schwärmt Rolf. „Und viele Badebuchten laden die Urlauber zum Schwimmen ein. Das hört sich doch alles gut an, oder etwa nicht?“
„Du hast dich ja gut informiert“, meint Iris. Rolf zu einem anderen Urlaubsziel überreden zu können, das erscheint ihr immer unwahrscheinlicher.

Rolf, der Iris’ Zurückhaltung in seinem Eifer überhaupt nicht bemerkt, strahlt sie mit lachendem Gesicht an. „Große Markthallen gibt es auch zu besichtigen“, fährt er fort. „Vom sogenannten Zentralmarkt hat mir Heinz gestern erzählt. Er ist mit seiner Frau Hilde gerade erst aus Athen zurückgekommen.“

„In den Markhallen gibt es alles, was das Herz begehrt, von Fisch und Fleisch bis Käse, Gemüse und Obst. Du liebst es doch, über solche Märkte zu schlendern und die verschiedenartigsten Dinge zu probieren“, fährt Rolf fort. Und wieder sieht er sie voller Vorfreude an. Er hat sogar ganz rote Wangen bekommen.

Iris schaut in das strahlende Gesicht ihres Mannes und seufzt innerlich auf. „Wie kann ich da einen Rückzieher machen“, denkt sie, wenn sich alles so toll anhört. Sie lächelt Rolf an und sagt zu ihm: „Ja, wenn das so ist, dann auf nach Griechenland, auf zu Zaziki und Sirtaki!“

Gedächtnisübungen

1. Griechenland-Assoziationen

Die Teilnehmer zählen auf, was sie mit Griechenland in Verbindung bringen. Genannt werden können Städte, Inseln, Sehenswürdigkeiten …

2. Landestypische Tänze und Kulinarisches

Nennen Sie ein Land. Die Teilnehmer ergänzen einen landestypischen Tanz sowie Kulinarisches aus dem Land.

Beispiele:

a. **Frankreich:** Cancan, Coq au Vin, Crème brulée
b. **Russland:** Kasatschok, Borschtsch, Blini
c. **Spanien:** Flamenco, Paella, Tortilla
d. **Italien:** Tarantella, Pizza, Pasta
e. **Amerika:** Rock 'n' Roll, Hotdog, Pancake

Tipp: Lassen Sie die Teilnehmer nach Sehenswürdigkeiten, Städten, Flüssen etc. der genannten Länder suchen.

3. Schüttelanagramm

Schreiben Sie nachfolgende Wörter an ein Flipchart oder eine Tafel. Die Teilnehmer finden heraus, welche griechischen Städte gesucht sind.

Beispiele:

a. LIPHED = Delphi
b. STARAP = Patras
c. SAARSIL = Larissa
d. SARIEPU = Piraeus
e. KERLHONIA = Heraklion
f. SPURIDAEO = Epidauros

Im Land der Cowboys und Indianer

In der folgenden **Merkgeschichte** geht es um einen Besuch der Karl-May-Festspiele. Lesen Sie die Geschichte langsam vor und stellen Sie den Teilnehmern vorab – je nach Leistungsfähigkeit – eine oder mehrere der folgenden Aufgaben:

- Merken Sie sich, wie alt Franz geworden ist. *(60 Jahre)*
- Merken Sie sich, wohin Franz und seine Frau in Bad Segeberg zuerst gehen. *(zum Indian Village)*
- Merken Sie sich, wie der Maulesel heißt. *(Mary)*
- Merken Sie sich, wie der Barkeeper das Bier serviert. *(er lässt die Gläser über die Theke rutschen und vor Franz und seiner Frau zum Stoppen kommen)*
- Merken Sie sich, wie die Pferde von Winnetou und Old Shatterhand heißen. *(Iltschi und Hatatitla)*
- Merken Sie sich, welche Tiere in der Geschichte vorkommen. *(Pferde, ein Maulesel, Ziegen, Gänse und ein Adler)*

Im Land der Cowboys und Indianer

Mein Mann Franz ist ein großer Karl-May-Fan. Bei uns im Wohnzimmer hat er ein extra Regal für seine Karl-May-Buchsammlung gebaut. Jedes Mal, wenn wir Besuch bekommen, präsentiert er voller Stolz seine gesammelten Werke. Mittlerweile gibt es weitere Regale mit Souvenirs, die alle etwas mit Cowboys und Indianern zu tun haben. Letztes Jahr hat ihm unser Enkelsohn Tobias eine bunt gemusterte Pferdedecke aus Arizona mitgebracht. Die liegt jetzt auf unserem Sofa.

Franz kennt auch die komplette Biografie von Karl May. Er erzählt immer, dass dieser erst als Hilfslehrer tätig war und wohl einige Male mit dem Gesetz in Konflikt geraten ist. Als Karl May mit dem Schreiben seiner Romane Erfolg hatte, hat er sich so mit der Old-Shatterhand-Figur auseinandergesetzt, dass er sich zum Schluss selbst für Old Shatterhand hielt.

Ich habe meinem Mann zu seinem 60. Geburtstag eine Reise zu den Karl-May-Spielen in Bad Segeberg geschenkt. Da fahren wir heute hin. Nach einer zweistündigen Autofahrt kommen wir in Bad Segeberg an. Schnell findet Franz einen Parkplatz. Da wir bis zur Aufführung von „Winnetou und das Geheimnis der Felsenburg“ noch etwas Zeit haben, gehen wir in das Indian Village gleich neben dem Freilichttheater.

Man fühlt sich hier sofort wie im Wilden Westen. Das Indian Village ist wie eine alte Westernstadt aufgebaut. Unter unseren Füßen knirscht der Sand und ein paar Cowboys reiten gelassen an uns vorbei die Straße hinunter. Ich schaue meinen Mann an und sehe das Strahlen in seinen Augen. Er geht sofort auf den Saloon zu.
Durch zwei Schwingtüren gelangen wir in das Innere. Ein Klavier steht in der einen Ecke und es gibt mehrere Tische, an denen man es sich gemütlich machen kann. Aber Franz steuert sofort auf eine lange Bar zu.

Er bestellt uns zwei kühle Biere. Wie in den Westernfilmen serviert sie uns der Barkeeper, indem er die Gläser über die Theke rutschen lässt. Vor uns kommen die Gläser zum Stoppen. Was für ein Spaß. Die Zeit vergeht viel zu schnell und wir machen uns auf den Weg zur Aufführung.

Kurze Zeit später betreten wir eines der größten Freilichttheater Europas. Es gibt über 7 500 Sitzplätze und die Bühne ist riesig. Die Kulisse sieht wie eine Burg aus, die in einen Felsen gebaut wurde.

Als die Vorführung beginnt, wird es ganz still unter den Zuschauern. Wir sehen Winnetou, wie er sich ohne Mühe auf sein schwarzes Pferd „Iltschi" schwingt. Old Shatterhand reitet auf seinem „Hatatitla" galant durch die Szene. Ewas später sehen wir Sam Hawkins auf seinem Maulesel „Mary" auf der Bühne. Cowboys und Indianer tanzen wild umher. Es spielen Ziegen, Gänse und sogar ein Adler mit. Ein solches Spektakel habe ich noch nie gesehen. Franz ist ganz ergriffen und sagt kein Wort. Normalerweise kommentiert Franz alles, wenn wir Cowboy-Filme im Fernsehen sehen. Ich bekomme ein mulmiges Gefühl, dass es ihm vielleicht doch nicht gefällt. Aber als die Vorstellung zu Ende ist, springt er vom Sitz, applaudiert und pfeift auf seinen Fingern. Er ist total begeistert.

Auf der Fahrt nach Hause erzählt Franz immer wieder von den beeindruckenden Szenen. Er lobt die Produzenten, die es geschafft haben, alles so echt aussehen zu lassen. Im Programmheft hat er gelesen, dass jedes Jahr immer Statisten gesucht werden, die als Indianer oder Cowboy einen kleinen Part übernehmen. Dafür will Franz sich nächstes Jahr bewerben. Mir hat es genauso gut gefallen und vielleicht könnte ich ja als Bardame mitmachen.

Gedächtnisübungen

1. Spiele

Überlegen Sie gemeinsam mit Ihren Teilnehmern Spiele oder Bücher, die Sie früher gern gespielt bzw. gelesen haben.

Beispiele: Cowboy und Indianer, Verstecken, „Die Schatzinsel" …

2. Wortkette

Die Teilnehmer sollen zusammengesetzte Wörter bilden, wobei das zweite Wort das Anfangswort des nächsten Wortes ist. Wenn es sprachlich erforderlich ist, dürfen Buchstaben hinzugefügt oder weggelassen werden.

Beispiel: Westernfilm – Filmstudio – Studiokamera – Kameramann – Mannheim – Heimspiel – Spieluhr – Uhrwerk …

3. Westernhelden

Die Teilnehmer sollen auflösen, in welchem Film der Westerndarsteller wirklich mitgespielt hat. Dazu nennen Sie den Schauspieler und dann eine Auswahl an Filmen. Die richtige Antwort ist **farblich gekennzeichnet**. Zusätzlich können Sie nach dem Erscheinungsjahr der Filme fragen.

Beispiele:

a. Lex Barker	**Winnetou 1** **(1963),** Der neue Sheriff
b. John Wayne	Der große Überfall, **Der große Treck** **(1930)**
c. Clint Eastwood	**Für eine Handvoll Dollar** **(1964),** Der Sheriff
d. Gary Cooper	12 Uhr nachts, **12 Uhr mittags** **(1952)**
e. Henry Fonda	**Spiel mir das Lied vom Tod** **(1968),** Die Wüste
f. Kirk Douglas	**Der letzte Zug von Gunhill** **(1959)**, Der Zug

Wintersport

Die folgende **Merkgeschichte** beinhaltet oft das Wort „Winter“. Lesen Sie die Geschichte langsam vor und stellen Sie den Teilnehmern vorab – je nach Leistungsfähigkeit – eine oder mehrere der folgenden Aufgaben:

- Merken Sie sich, wer zum ersten Mal in den Wintersporturlaub fährt. *(Hildegard und Karl)*
- Merken Sie sich, wohin die beiden fahren. *(in die Südtiroler Berge)*
- Merken Sie sich, wie das Hotel heißt. *(Hotel „Wintersonne“)*
- Merken Sie sich, wie der Skilehrer von Karl heißt. *(Peppi)*
- Merken Sie sich, wo die Winterjacken im Auto verstaut werden. *(auf dem Rücksitz)*
- Merken Sie sich, wie das Hotelzimmer eingerichtet ist. *(rot-weiße Gardinen und bunt bemalte Bauernmöbel)*
- Merken Sie sich, was Hildegard und Karl zu Abend essen. *(Schmorbraten mit Klößen und Rotkohl, Apfelstrudel mit Vanilleeis und Sahne)*
- Merken Sie sich, wie oft das Wort „Winter“ in der Geschichte vorkommt. *(18-mal, inklusive Überschrift)*

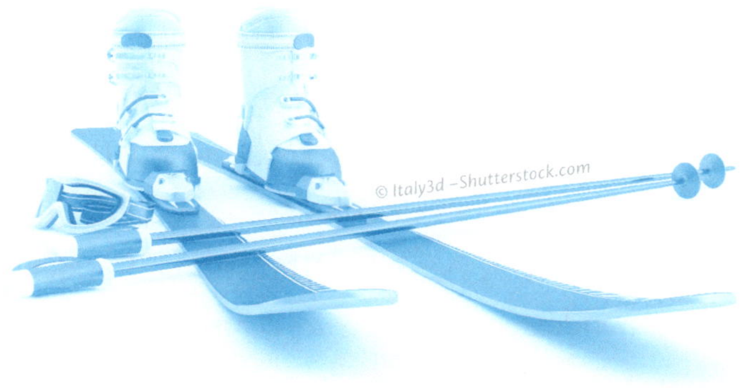

Wintersport

Hildegard und Karl fahren zum ersten Mal in ihrem Leben in den Wintersporturlaub. Als Reiseziel haben sie sich die Südtiroler Berge ausgesucht. In einem Reiseprospekt wurde der Kronplatz als einzigartiges Wintersportgebiet angepriesen, sodass sie dort ein schönes Hotel gebucht haben. Karl möchte unbedingt an einem Skikurs teilnehmen, doch Hildegard zögert noch etwas. Ehe es mit dem Auto Richtung Südtiroler Berge losgehen kann, müssen die Winterreifen aufgezogen werden, wozu Karl in die Werkstatt fährt. Unterdessen packt Hildegard die Koffer. Die dicke Winterkleidung nimmt viel Platz ein und am Ende bekommt sie die Koffer nur mit Mühe und Not verschlossen.

Schon früh am anderen Morgen fahren die beiden los, nachdem das Reisegepäck im Kofferraum verstaut ist. Fast hätten sie die Winterstiefel vergessen, doch Hildegard hat im letzten Moment noch an diese gedacht. Die dicken Winterjacken finden auf dem Rücksitz ihren Platz, denn im warmen Auto reichen die Fleecejacken völlig aus.
Am späten Nachmittag erreichen Hildegard und Karl ihr Hotel „Wintersonne" am Fuße des Kronplatzes. Die Winterlandschaft ist atemberaubend schön und sehr beeindruckend.
Die Neuankömmlinge werden von der Hotelwirtin Resi herzlich willkommen geheißen und zu ihrem Zimmer geführt. Die rot-weißen Gardinen an den Fenstern und die bunt bemalten Bauernmöbel sehen ausgesprochen einladend und gemütlich aus. Hildegard fühlt sich sofort wohl und beginnt, die Koffer auszupacken. Eine Stunde später nehmen sie im Wintergarten des Hotels ein Abendessen zu sich, denn die lange Fahrt hat hungrig gemacht. Der Schmorbraten mit Knödeln und Rotkohl, der zum Abendessen serviert wird, schmeckt köstlich. Als Nachtisch bekommen sie einen Apfelstrudel mit Vanilleeis und Sahne.

Da es ein Winterabend mit klarem Sternenhimmel ist, machen Hildegard und Karl noch einen Verdauungsspaziergang, ehe sie schlafen gehen.

Der nächste Morgen beginnt mit einem ausgiebigen Frühstück. Gesättigt und fröhlich fahren die beiden mit der Seilbahn anschließend hoch zum Kronplatz. Es ist ein herrlicher Wintertag und die beiden genießen die wärmenden Strahlen der Wintersonne, die in die Kabine hereinfallen. Karl soll seine erste Skistunde erhalten und ist gespannt, was auf ihn zukommt. Das bunte Treiben der Wintersportler auf der Piste begeistert ihn sofort, während Hildegard das Ganze mit Skepsis beobachtet.
Karl wird bereits von seinem Skilehrer Peppi erwartet. Nachdem er die geliehene Skiausrüstung angelegt hat, geht es mit dem Unterricht sofort los. Hildegard beobachtet vom Aussichtslokal aus, wie Karl versucht, sich auf den Skiern zu halten. „Scheint nicht so einfach zu sein, wie sich mein lieber Mann das vorgestellt hat“, murmelt sie vor sich hin. „Autsch, das hat bestimmt wehgetan“, denkt Hildegard, denn ihr Karl ist gerade gegen einen Mast gefahren. Diesem auszuweichen, ist ihm nicht gelungen.

Nach knapp zwei Stunden kommt Karl wie ein begossener Pudel zu Hildegard ins Ausflugslokal. „Skifahren habe ich mir irgendwie einfacher vorgestellt“, meint er kleinlaut. „Ich glaube, das ist doch nichts für mich. Mir tun alle Knochen weh. Und morgen werde ich bestimmt auch einen ordentlichen Muskelkater haben.“
„Vielleicht sollten wir die herrliche Winterlandschaft doch lieber zu Fuß erkunden?“, meint Hildegard zaghaft. Karl nickt sofort zustimmend.

Und so wandern die beiden die restliche Zeit ihres Winterurlaubes durch die herrliche Wintersonne und genießen dabei die verschneite Winterlandschaft.

Gedächtnisübungen

1. Anagramm

Schreiben Sie das Wort „Winterlandschaft“ an ein Flipchart oder eine Tafel. Aufgabe der Teilnehmer ist es, sich möglichst viele Wörter zu überlegen, die sich mit den Buchstaben bilden lassen. Wurde ein Wort gefunden, dürfen für das nächste Wort wieder alle Buchstaben verwendet werden.

Beispiele: Wirt – Schaf – Erwin – Rand – Tal – Nase – Rhein …

2. Versteckte Winterkleidung

Schreiben Sie nachfolgende Buchstabenkombinationen an ein Flipchart oder eine Tafel. Aufgabe der Teilnehmer ist es, herauszufinden, welche Winterkleidung gesucht ist. Hierzu darf nur jeder **zweite** Buchstabe gelesen werden.

Beispiele:

a. WSAKXICAGNTZHUJG = SKIANZUG
b. DWEOSLBLVSKCOHPARL = WOLLSCHAL
c. XPAULDFEVLNMJÜKTUZRE = PUDELMÜTZE
d. CHXASNEDRSTCZHGUJHKE = HANDSCHUHE
e. MTDHRETRBMXOCSNOUCTKFEDN = THERMOSOCKEN
f. QDSACUGNHEJNLJUAOCPKGE = DAUNENJACKE

3. Kreative Wintersportarten gesucht

Die Teilnehmer lassen ihrer Fantasie freien Lauf und erfinden neue Wintersportarten.

Beispiele: Schneeballweitwurf, Schlittenslalom, Schlittschuhspringen, Skilanglauf-Hindernisrennen, Bob-Schanzenspringen …

Ein Tag im LEGOLAND

Die folgende **Merkgeschichte** beinhaltet den Besuch verschiedener Themenwelten im LEGOLAND. Lesen Sie die Geschichte langsam vor und stellen Sie den Teilnehmern vorab – je nach Leistungsfähigkeit – eine oder mehrere der folgenden Aufgaben:

- Merken Sie sich, wie alt Alexander geworden ist. *(zehn Jahre)*
- Merken Sie sich, wer in der Geschichte vorkommt. *(Elisabeth, Rita, Alexander)*
- Merken Sie sich das Wahrzeichen im Land der Ritter. *(Burg)*
- Merken Sie sich die Tiere im Land der Abenteuer. *(Löwen, Elefanten, Giraffen, Krokodile)*
- Merken Sie sich, was Elisabeth und Alexander im Miniland sehen. *(den Kölner Dom, den Berliner Reichstag, die Bremer Stadtmusikanten und den Hamburger Hafen)*
- Merken Sie sich, wie oft der Begriff „LEGO“ in der Geschichte vorkommt. *(16-mal, inklusive Überschrift)*
- Merken Sie sich, welche Themenwelten die Personen in der Geschichte besuchen. *(Land der Ritter, Land der Abenteuer, Land der Pharaonen, Miniland)*

Ein Tag im LEGOLAND

Zu den Ereignissen, die Elisabeth liebt, gehört das monatliche Treffen mit ihrer alten Schulfreundin Rita. Heute ist es wieder so weit. Elisabeth sitzt im Café „Schlossgarten" und wartet schon ganz aufgeregt, denn sie hat viel zu berichten. Da kommt Rita zur Tür rein und Elisabeth begrüßt sie ganz herzlich. Die beiden bestellen Kaffee und Kuchen, dann fängt Elisabeth an, zu erzählen: „Stell dir vor, ich habe letzte Woche mit meinem Enkel Alexander einen Ausflug ins LEGOLAND gemacht. Er fragte mich schon so lange, ob wir dorthin fahren können. Immer wieder, wenn er bei mir zu Besuch ist, hat er erwähnt, dass er mal ein richtiger Ritter sein möchte. Oder ein Testfahrer in einem Rennauto. Das kann man alles im LEGOLAND machen und noch viel mehr, erwähnt er gern. Jetzt ist er zehn Jahre alt geworden und ich habe ihn eingeladen. Vor unserem Besuch im LEGOLAND habe ich VIP-Eintrittskarten besorgt, damit wir nicht anstehen müssen.

Bei der Ankunft in Günzburg, das in Bayern liegt, haben wir die wehenden Fahnen vom LEGOLAND schon von Weitem gesehen. Ich musste Alexander einige Male bremsen, damit er nicht loslief.
Der Eingangsbereich war beeindruckend. Als Erstes gingen wir zu den Rittern. Über eine Hängebrücke gelangten wir in eine riesige Burg, dem Wahrzeichen im Land der Ritter. Quer durch die Burg führte eine Achterbahn mit einem Feuerdrachen, mit der wir gleich gefahren sind. War das ein Spaß. Danach musste Alexander ein LEGO-Pferd ausprobieren und hat noch eine Goldsuche mitgemacht.

Als Nächstes ging es in das Land der Abenteuer. Dieses liegt versteckt in einem extra dafür angelegten Dschungel, der aus vielen Bäumen und Büschen besteht. Natürlich gibt es auch viele Tiere, die alle aus LEGO-Steinen gebaut sind. Wir haben Löwen, Elefanten und Giraffen gesehen.

Dann kamen wir an einen künstlich angelegten Fluss mit Krokodilen aus LEGO. Sogar eine Kanufahrt haben wir mitgemacht.
Ohne Pause ging es weiter in das Land der Pharaonen. Dort konnten wir in einem Jeep, der auf Schienen lief und in einen Tempel führte, an einer Schatzsuche teilnehmen. Ausgerüstet mit kleinen Laserpistolen, mussten wir in der Dunkelheit unterschiedliche Ziele mit unserem Lichtstrahl treffen. Alexander hat gejauchzt vor Freude.

Dann sind wir ins Miniland gegangen. Hier erwarteten uns faszinierende Städte und Landschaften Europas, die originalgetreu in Miniaturgröße nachgebaut waren. Auf einem Informationsschild haben wir gelesen, dass 140 Modelldesigner aus über 25 Millionen LEGO-Steinen diese Welt erschaffen haben. Ganz ergriffen, schauten wir uns den Kölner Dom, den Berliner Reichstag und die Bremer Stadtmusikanten an. Alles kleine Kunstwerke aus LEGO-Steinen. Dann entdeckte Alexander den Hamburger Hafen und zeigte auf eine kleine Seemöwe. Selbst die war aus LEGO gebaut.

Danach sind wir eine Kleinigkeit essen gegangen und Alexander witzelte, dass hoffentlich nicht auch das aus LEGO gemacht ist.
Frisch gestärkt, haben wir noch den LEGO-Shop besucht, um eine kleine Erinnerung an den ereignisreichen Tag zu kaufen. Alexander hat sich ganz viele bunte LEGO-Steine ausgesucht, damit er zu Hause einen Ritter mit einer bunten Rüstung nachbauen kann. Ich ließ mich noch überreden, dass wir uns ein LEGOLAND-T-Shirt im Partnerlook kaufen.
Das trage ich jetzt allerdings als Nachthemd."

Rita ist begeistert von Elisabeths Bericht über ihren LEGOLAND-Ausflug und meint: „Ich glaube, du hattest mehr Spaß als Alexander."

Gedächtnisübungen

1. Stadt, Land, Fluss

Schreiben Sie die fünf Kategorien nebeneinander an ein Flipchart oder eine Tafel. Lassen Sie einen Teilnehmer im Geist das Alphabet aufsagen, bis von Ihnen laut ein „Stopp!“ kommt. Mit dem Buchstaben, bei dem er angelangt ist, suchen Sie mit allen Teilnehmern Begriffe zu den Kategorien.

Beispiel:

Reisestädte	Reise-krankheiten	Reiseflirt mit Souvenir	Speisen
Hannover, Hameln …	Hitzschlag, Husten …	Herbert Hut, Hanni Haifischfigur …	Hamburger, Hummus …

2. Spiele

Die Teilnehmer überlegen Spiele, die man mit in den Urlaub nehmen kann, wie z. B. LEGO-Steine, Mensch ärgere dich nicht!, Halma …

3. LEGO-Füllwörter

Schreiben Sie nachfolgende Übung an ein Flipchart oder eine Tafel. Die Teilnehmer suchen Wörter, die in die Mitte passen, sodass zwei neue, sinnvoll zusammengesetzte Wörter entstehen. Wenn es sprachlich erforderlich ist, dürfen Buchstaben hinzugefügt oder weggelassen werden.

Beispiele:	**Mögliche Lösungen:**		
LEGO (?) Bock	Stein	→	LEGO-Stein / Steinbock
LEGO (?) Boot	Haus	→	LEGO-Haus / Hausboot
LEGO (?) Karte	Land	→	LEGOLAND / Landkarte
LEGO (?) Wagen	Kasten	→	LEGO-Kasten / Kastenwagen

Eine Flusskreuzfahrt auf dem Rhein

Die folgende **Merkgeschichte** beinhaltet verschiedene **Liedtitel**.

Tipp: Sie können während des Vorlesens die Lieder mit den Teilnehmern ansingen. Dadurch prägen sich die Liedtitel bei diesen besser ein und können später leichter erinnert werden. Damit Sie die Liedtitel schnell erkennen, sind diese farbig hervorgehoben.

Lesen Sie die Geschichte langsam vor und stellen Sie den Teilnehmern vorab – je nach Leistungsfähigkeit – eine oder mehrere der folgenden Aufgaben:

- Merken Sie sich, wo die Reise beginnt. *(Köln)*
- Merken Sie sich den Namen des Männergesangvereins. *(Die Rotkehlchen)*
- Merken Sie sich, in welchen Weinlokalen die Männer einkehren. *(„Weinschlösschen", Weinkellerei „Kleine Wolke", Weinlokal „Zur Linde")*
- Merken Sie sich die Reiseroute des Schiffes. *(Köln, Bonn, Siebengebirge, Koblenz, Rüdesheim, Köln)*
- Merken Sie sich, welche Liedtitel in der Geschichte vorkommen. *(Junge, komm bald wieder; Wenn das Wasser im Rhein goldner Wein wär; Trink, trink, Brüderlein trink; Freut euch des Lebens; Ich hab den Vater Rhein in seinem Bett gesehen; Warum ist es am Rhein so schön; So ein Tag, so wunderschön wie heute; Einmal am Rhein)*

Eine Flusskreuzfahrt auf dem Rhein

Der Männergesangverein „Die Rotkehlchen" feiert sein 30-jähriges Vereinsjubiläum. Die Männer unternehmen eine Flusskreuzfahrt auf dem Rhein, um dieses besondere Jubiläum gemeinsam zu feiern. Einige Sangesbrüder des befreundeten Männerchors aus der Schweiz sind mit von der Partie. **Begleiten Sie, liebe Teilnehmer, unsere beiden Männerchöre auf ihrer fünftägigen Flusskreuzfahrt und singen oder schunkeln sie kräftig bei den Liedern,** die in der Geschichte vorkommen, mit.

Am frühen Donnerstagmorgen betritt Willi mit seinen Gesangsbrüdern in Köln das Flusskreuzfahrtschiff „Lorelei". Alle sind schon voller Vorfreude und winken strahlend zu ihren Frauen, die am Ufer stehen. Dann heißt es „Leinen los!". Während das Schiff ablegt, singen die Frauen **„Junge, komm bald wieder"** und winken ihren Männern lachend hinterher.

Nachdem sich die Männer in ihren Kabinen eingerichtet haben, erkunden sie ihr schwimmendes Hotel. An Deck entdecken sie eine gemütliche Bar mit einer wunderschönen Aussichtsterrasse. Zur Einstimmung auf ihre fünftägige Reise bestellen sie sich etwas zu trinken und stimmen das Lied **„Wenn das Wasser im Rhein goldner Wein wär"** an.
So schippern sie gemütlich und mit guter Laune den Rhein aufwärts. Dabei kommen sie erst an Bonn vorbei und dann am Siebengebirge – vor allem die markante Burgruine auf dem Drachenfels fällt den Männern auf. Bevor sie am Abend ihr erstes Essen an Bord einnehmen, wird den Gästen noch ein Begrüßungscocktail serviert. Alle stoßen auf eine schöne Flusskreuzfahrt an. Und sogleich hört man den Männerchor das Lied **„Trink, trink, Brüderlein trink"** aus voller Kehle singen. Bei so viel Spaß singen die anderen Bordgäste das Lied gern mit.

Am nächsten Tag begleiten herrliche Weinberge das Schiff auf seiner Reise nach Koblenz, auf beiden Seiten des Flussufers kann man sie sehen.

Schließlich erreicht das Schiff das Deutsche Eck bei Koblenz, an dem die Mosel in den Rhein mündet. Hier haben die Männer die Möglichkeit, an Land zu gehen, um die Stadt zu erkunden.
Die Anzahl der Koblenzer Weinlokale ist überwältigend. Im „Weinschlösschen" trinken sie einen Riesling und singen **„Freut euch des Lebens"**. Als Nächstes kehrt der Männerchor in der Weinkellerei „Kleine Wolke" ein und lässt sich einen Weißherbst mit ofenfrischem Brot und Käse schmecken. Bei so viel guter Trinklaune stimmen die Männer das Lied **„Ich hab den Vater Rhein in seinem Bett gesehen"** ein. Gleich um die Ecke lockt das Weinlokal „Zur Linde" mit einem süffigen Spätherbst. Natürlich gibt es auch dazu ein Lied mit dem Titel **„Warum ist es am Rhein so schön"**.

Plötzlich hört Willi die Kirchturmuhr 5-mal schlagen. Alarmiert springt er auf, während seine Gesangsbrüder laut **„So ein Tag, so wunderschön wie heute"** schmettern. Willi fordern sie zum Mitschunkeln auf. Aber der ist kreidebleich im Gesicht. „Unser Schiff legt um 17 Uhr ab", ruft er laut.
Schnell bezahlen die Männer ihre Zeche und rennen zur Anlegestelle. Schon von Weitem sehen sie, dass das Schiff bereits abgelegt hat. Völlig verdattert, blicken sie hinterher. Ein schmunzelnder Hafenmeister kommt auf sie zu und fragt, ob sie ihr Schiff verpasst haben. Willi bejaht, wozu der Hafenmeister meint, dass das öfter vorkommt. Er setzt die Truppe in den Zug, der sie zur nächsten Anlegestelle des Flusskreuzfahrtschiffes bringt.

Beschämt gehen die Männer in Rüdesheim an Bord. Den Rest der Reise verbringen sie ruhiger und schwören sich, dass dieser kleine Fehltritt ihr Geheimnis bleiben wird. Beim Wiederanlegen in Köln singen sie **„Einmal am Rhein"** und zwinkern sich gegenseitig mit schelmischen Blicken zu.

Gedächtnisübungen

1. Brainstorming Sehenswürdigkeiten

Die Teilnehmer nennen Sehenswürdigkeiten in Deutschland.

Beispiele: Loreley, Brandenburger Tor, Schloss Neuschwanstein …

2. Erlebte Sehenswürdigkeiten

Lassen Sie die Teilnehmer berichten, welche Sehenswürdigkeiten sie bereits besichtigt haben und welche Erinnerungen sie damit verbinden. Sie können Ihre Teilnehmer mit Fragen beim Erzählen unterstützen.

Mögliche Fragen:

- Was hat Ihnen an dieser Sehenswürdigkeit besonders gefallen?
- Erinnern Sie sich noch an besondere Informationen über diese Sehenswürdigkeit?
- Wie haben Sie Ihre Reise zu der Sehenswürdigkeit gebucht?

3. Deutsche Städte und ihre Beinamen

Nennen Sie die Beinamen deutscher Städte. Die Teilnehmer ergänzen die dazugehörige Stadt. Lassen Sie anschließend die Teilnehmer nach weiteren Beinamen und deren Städten suchen.

Beispiele:

a. Weltstadt mit Herz = **München**
b. Die Edelsteinstadt = **Idar-Oberstein**
c. Die Goldstadt = **Pforzheim**
d. Die Lederstadt = **Offenbach**
e. Das Tor zur Welt = **Hamburg**
f. Die graue Stadt am Meer = **Husum**

Bewegungs-geschichten

Bewegung – insbesondere in Kombination mit Gedächtnistraining – fördert nicht nur die Gesundheit, sondern steigert auch die geistige Leistung und damit Konzentrationsfähigkeit. Schon wenige Minuten täglich reichen, um die grauen Zellen auf Trab zu bringen und den Kopf fit für den Alltag zu machen. Doch nicht nur das: Bewegung trägt auch dazu bei, körperlichen und geistigen Stress abzubauen oder sogar zu verhindern.
Diese Geschichten sorgen für Spaß am Bewegen und Denken – und sind damit ideal für ein abwechslungsreiches Training von Körper und Geist!

London ist eine Reise wert

Die Teilnehmer sollen für diese **Bewegungsgeschichte** einen Tischkreis bilden. Die Geschichte ist so aufgebaut, dass jeder Teilnehmer zwei Gegenstände vor sich liegen hat. Ein Gegenstand symbolisiert etwas zum **Essen und Trinken** (z. B. eine Walnuss), der andere steht für eine **Sehenswürdigkeit** (z. B. ein Stein).
Wenn in der Geschichte etwas zum Essen oder Trinken genannt wird, reichen die Teilnehmer die Walnuss mit ihrer rechten Hand nach rechts weiter. Wird eine Sehenswürdigkeit genannt, reichen sie den Stein mit ihrer linken Hand nach links weiter.
Lesen Sie die Geschichte langsam vor, sodass jeder Teilnehmer seinen Gegenstand weitergeben kann. Damit Sie die Signalwörter schnell erkennen, sind diese farbig hervorgehoben.

Lesen Sie die Geschichte erneut langsam vor und stellen Sie Ihren Teilnehmern vorab – je nach Leistungsfähigkeit – eine oder mehrere der folgenden Aufgaben:

- Merken Sie sich, wann Oma Mathilde und Anna in London ankommen. *(nach einer 10-stündigen Busfahrt, mitten in der Nacht)*
- Merken Sie sich, was in Oma Mathildes Glückskeks steht. *(Wer viele Schritte geht, braucht bequeme Schuhe)*
- Merken Sie sich, was die beiden frühstücken. *(Spiegeleier, gebackene Bohnen, knusprig gebratenen Speck, Würstchen, Tee)*
- Merken Sie sich, an welchen Sehenswürdigkeiten die beiden mit dem Bus vorbeikommen. *(Buckingham Palace, Big Ben, Piccadilly Circus, Erosbrunnen, Chinatown)*
- Merken Sie sich, wo die beiden noch hingehen möchten. *(London Eye, Harrods, Madame Tussauds)*

London ist eine Reise wert

Oma Mathilde hat ihrer Enkelin Anna zum Abitur eine Reise nach London geschenkt. Nach einer 10-stündigen Busfahrt kommen die beiden in ihrem Hotel an. Es liegt im Zentrum von London. Da es bereits mitten in der Nacht ist und Oma Mathilde und Anna müde sind, gehen sie sofort ins Bett. Sie wollen für ihre Stadtrundfahrt am nächsten Tag ausgeschlafen sein.

Am folgenden Morgen stehen Oma Mathilde und Anna früh auf. Als Erstes wird gefrühstückt. Typisch englisch, so hoffen sie. Im Frühstücksraum des Hotels bekommen die beiden einen Tisch direkt am Fenster. Von dort sehen sie die **Tower Bridge**, die berühmte Klappbrücke über den Fluss Themse. Bei großen Schiffen werden die beiden mittleren Brückenteile hochgeklappt. Jetzt aber sind sie gerade unten.
Fasziniert schaut Anna den Autos zu, die langsam über die Brücke fahren. Dann merkt sie, dass der Kellner sie ansieht. Oma Mathilde zwinkert ihrer Enkelin zu und fragt sie, was sie zum Frühstück gern essen möchte. Es gibt: **Spiegeleier, gebackene Bohnen, knusprig gebratenen Speck** und **Würstchen**. Anna möchte alles probieren und dazu **Tee** trinken. Oma Mathilde lacht und bestellt sich das Gleiche.

Nach dem ausgiebigen Frühstück gehen die beiden auf Entdeckungstour. Oma Mathilde kauft Tickets für eine Stadtrundfahrt mit einem Doppeldeckerbus. Bei dem Bus ist sogar das Dach offen. Es ist herrliches Wetter und die beiden setzen sich natürlich nach oben.

Zuerst kommen sie am **Buckingham Palace** vorbei, der offiziellen Residenz der britischen Königsfamilie. Nur wenn sich die Queen im **Buckingham Palace** aufhält, wird die Fahne gehisst. Heute weht die Fahne nicht, also können sie nicht mit der Queen **Tee trinken**, witzelt

Oma Mathilde. Dann fahren sie am **Big Ben** vorbei, dem berühmten Uhrenturm. Seinen Namen hat er von einer 14 Tonnen schweren Glocke, die im Turm hängt.

Die nächste Sehenswürdigkeit ist der **Piccadilly Circus** mit dem bekannten **Erosbrunnen**. Während der Zeit der Kolonisation wurde **Piccadilly Circus** oft als „Mittelpunkt der Welt" bezeichnet. Dann geht die Bustour weiter Richtung **Chinatown**, dem asiatischen Herzen von London. Oma Mathilde und Anna steigen hier aus. Sie haben Hunger und wollen etwas essen gehen.

In **Chinatown** gibt es eine Riesenauswahl an Restaurants. Überall hängen **gebratene Enten** und andere **Leckereien** im Fenster. Oma Mathilde und Anna gehen in ein kleines Restaurant. Sie bestellen sich eine **Nudelsuppe** mit **Gemüse, knusprig gebratene Ente** und **gebackene Bananen** mit **Honig**. Beim Essen überlegen sie, dass sie unbedingt noch zum **London Eye**, einem Riesenrad direkt an der Themse, gehen müssen. So können sie die Stadt noch von oben sehen. Auch **Harrods**, ein riesiges Kaufhaus, das zu den exklusivsten Kaufhäusern der Welt gehört, wollen sie sich unbedingt anschauen. Vielleicht können sie dort **Tee** und **Shortbread** kaufen – **Shortbread** ist ein lecker schmeckendes, englisches Gebäck. Danach wollen sie noch zu **Madame Tussauds**, dem Wachsfigurenkabinett. Hier können sie die Königsfamilie, die Beatles und David Beckham sehen.

Schnell ist das leckere Essen verzehrt und Oma Mathilde fragt nach der Rechnung. Als sie bezahlt, bekommt jede von ihnen noch einen **Glückskeks**. Auf dem kleinen Zettel aus Annas **Glückskeks** steht: „Sie werden viel erleben." Dann zerbricht Oma Mathilde ihren **Glückskeks**. „Wer viele Schritte geht, braucht bequeme Schuhe" ist bei ihr zu lesen. Oma Mathilde und Anna schauen sich an und fangen beide laut an, zu lachen.

Gedächtnisübungen

1. Abc-Übung

Die Teilnehmer versuchen, zu jedem Buchstaben des Alphabets eine Persönlichkeit zu finden, die bei Madame Tussauds im Wachsfigurenkabinett stehen könnte.

Beispiele: Louis **A**rmstrong, **B**eatles, George **C**looney, Walt **D**isney, Albert **E**instein …

2. Sprechen Sie Englisch?

Die Teilnehmer überlegen, welche englischen Wörter auch in der deutschen Sprache benutzt werden.

Beispiele: Airbag, Gameshow, Headline, Internet, Blackout, Live-Musik …

3. Städte gesucht

Lesen Sie die folgenden Umschreibungen vor. Die Teilnehmer überlegen, welche Städte damit gemeint sein könnten.

Beispiele:

a. Die goldene Stadt = **Prag**
b. The Big Easy = **New Orleans**
c. Die Heilige Stadt = **Jerusalem**
d. The Big Apple = **New York**
e. Die Stadt der Engel = **Los Angeles**
f. Die Stadt der Liebe = **Paris**
g. The Windy City = **Chicago**
h. Spree-Athen = **Berlin**
i. Die ewige Stadt = **Rom**

Tulpenblüte in Holland

Für die folgende **Bewegungsgeschichte** benötigen Sie Servietten (oder Tücher) in den Farben Rot, Gelb, Grün, Weiß und Blau. Je nach Leistungsfähigkeit Ihrer Gruppe bekommt jeder Teilnehmer eine oder mehrere farbige Servietten. Beachten Sie bitte, dass alle Farben vergeben sind.
Je nach Zielgruppe können Sie vor dem Start der Geschichte die Farben einmal nennen und die Teilnehmer winken mit den entsprechenden Servietten.
Lesen Sie die Geschichte langsam vor. Ihre Teilnehmer winken mit der Serviette, wenn die jeweilige Farbe in der Geschichte vorkommt.
Bei den Bezeichnungen „bunt" oder „in allen Farben" sollen sie mit allen Servietten winken. Damit Sie die Signalwörter schnell erkennen, sind diese farbig hervorgehoben.

Lesen Sie die Geschichte erneut langsam vor und stellen Sie Ihren Teilnehmern vorab – je nach Leistungsfähigkeit – eine oder mehrere der folgenden Aufgaben:

- Merken Sie sich, welche Farbe der Reisebus hat. *(weiß)*
- Merken Sie sich, für welche Blütenformen Magdalena Tulpenzwiebeln kauft. *(gezackt, rund und sternenförmig)*
- Merken Sie sich, wie die Personen in der Geschichte heißen. *(Magdalena, Monika und Herr Jansen)*
- Merken Sie sich, für welche Blumenzwiebeln sich Monika entscheidet. *(rote, gelbe, blaue, grüne und weiße Blüten)*

Tulpenblüte in Holland

Endlich ist es so weit. Magdalena steigt mit ihrer Freundin Monika am Essener Hauptbahnhof in einen **weißen** Reisebus. Ihre Fahrt geht nach Holland zum Keukenhof. Der Keukenhof ist eine der berühmtesten Gartenanlagen der Welt. Letztes Jahr haben Magdalena und Monika einen Zeitungsartikel über ihn gelesen und sofort beschlossen, dorthin zu fahren.
Von Mitte März bis Mitte Mai verwandelt sich das Gebiet in ein riesiges **buntes** Blumenmeer. Es beginnt mit der Krokussaison, danach blühen die meist **gelben** Narzissen. Und dann folgt die Tulpensaison. Magdalena und Monika lieben Tulpen mit ihren herrlichen Farben und Formen.

Nach einer fast 3-stündigen Busfahrt kommen die beiden endlich am Keukenhof in Lisse an. Dort erwartet sie schon Herr Jansen, in einer **grünen** Jacke und einer **blauen** Hose. Er ist einer der Gärtner und wird sie in der Anlage herumführen.

Als Erstes erklärt Herr Jansen, dass hier im Frühjahr über sieben Millionen Blumen in **allen Farben** blühen. Vor ihnen erstreckt sich ein riesiges Tulpenfeld in **Rot** und **Gelb**. Außerdem gibt es sogar noch einen kleinen Bereich mit **blauen** Blüten.
Herr Jansen erklärt, dass sich die Gärtner auf den Tulpenfeldern weniger um die Tulpen selbst, sondern vielmehr um die Zwiebeln kümmern. Tatsächlich werden die **bunten** Blüten am Ende der Tulpensaison einfach abgemäht. Die Tulpenzwiebeln können sich dadurch gut und kräftig entwickeln.
Die Zwiebeln werden dann in die ganze Welt verschickt. Tulpen für den Blumenverkauf züchten die Gärtner meist in großen Gewächshäusern, damit ihnen Wind und Regen nichts anhaben können.

Der Keukenhof ist als Park angelegt. Im September werden die Tulpen von Hand in kleine Beete gepflanzt. Dabei gehen die Gärtner nach einem speziell für das kommende Jahr entwickelten Plan vor. Magdalena und Monika bleiben vor einem Beet mit **rot-weiß** gestreiften Tulpenblüten stehen. Daneben sehen sie **weiße** Tulpen, die so wirken, als wären sie am Rand ausgefranst. Dann kommen sie zu einem Blumenbeet, in dem **rote, gelbe, blaue** und **weiße** Tulpen so angepflanzt wurden, dass das Porträt von van Gogh entstanden ist. So etwas ist ihnen noch nie begegnet.

Herr Jansen fragt, ob Magdalena und Monika noch eine Fahrradtour zu den weiter entfernten Blumenfeldern machen möchten. Die beiden sind sich allerdings einig, dass sie eine Pause brauchen, und lehnen dankend ab. Magdalena und Monika suchen sich eine freie Parkbank, die **grün** gestrichen ist. In ihrem **blauen** Rucksack haben sie ein kleines Picknick dabei. Magdalena holt eine **rote** Thermoskanne und ein paar belegte Brote heraus. Beide finden es herrlich, einen Augenblick einfach nur zu entspannen und diese wundervolle Atmosphäre zu genießen.

Nach einer Weile gehen Magdalena und Monika zurück zum Eingang des Parks. In einer Stunde fährt ihr Bus sie zurück nach Essen, aber vorher wollen die beiden unbedingt noch Tulpenzwiebeln kaufen.
In der Gärtnerei am Eingang gibt es Hunderte von verschiedenen Tulpenzwiebeln. Auf kleinen Abbildungen sieht man, welche Zwiebeln sich in welcher Packung befinden.
Magdalena möchte für ihren Garten nur Zwiebeln für **rote** Blüten kaufen. Dafür wählt sie alle möglichen Blütenformen aus – sowohl gezackte als auch runde und sternenförmige. Monika möchte ihren Garten nächstes Jahr ganz **bunt** bepflanzen. Sie wählt Tulpenzwiebeln für **rote, gelbe, blaue, grüne** und **weiße** Blüten aus.

Überglücklich steigen die zwei in den Bus, um die Rückfahrt anzutreten.

Gedächtnisübungen

1. Tulpenzauber

Die Teilnehmer versuchen, so viele Wörter wie möglich zu finden, die mit „Tulpe“ oder mit „Tulpen“ beginnen.

Beispiele: Tulpenarten, Tulpenernte, Tulpenbaum, Tulpenglas …

2. Der Blumenkasten

Lesen Sie den nachfolgenden Text langsam vor. Die Teilnehmer sollen sich die farbliche Reihenfolge der Bepflanzung von links nach rechts merken.

Beispiel: In die Mitte wird eine rote Tulpe gepflanzt. Links mit Abstand eine weiße Tulpe. Und rechts neben der roten Tulpe eine gelbe Tulpe. Rechts neben die weiße Tulpe wird eine rosa Tulpe gepflanzt und rechts neben die gelbe Tulpe eine orangefarbene Tulpe.

Lösung: Weiß – Rosa – Rot – Gelb – Orange

3. Wie gut kennen Sie die Niederlande?

Stellen Sie nachfolgende Fragen. Die Teilnehmer geben die Antworten.

Beispiele:

a. Welche Farben hat die niederländische Flagge? *(rot-weiß-blau)*

b. Sind Holland und die Niederlande dasselbe? *(Nein, Holland ist ein Teil der Niederlande)*

c. Was ist die Hauptstadt der Niederlande? *(Amsterdam)*

d. Was ist das Besondere an der Wattinsel Texel? *(Es leben dort mehr Schafe als Menschen)*

e. Welche Farbe hat das Königshaus? *(Orange – von Oranien)*

Strandspaziergang

Die folgende **Bewegungsgeschichte** ist so aufgebaut, dass Sie als Vorleser die Bewegungen vorführen und Ihre Teilnehmer die Bewegungen nachmachen. Damit Sie die Bewegungsübungen schnell erkennen, sind diese farbig in Klammern hervorgehoben. Je nach Zielgruppe können Sie die Bewegungsübungen auch vor dem Lesen einmal mit den Senioren ausführen.

Lesen Sie die Geschichte erneut langsam vor und stellen Sie Ihren Teilnehmern vorab – je nach Leistungsfähigkeit – eine oder mehrere der folgenden Aufgaben:

- Merken Sie sich, wo der Urlaub verbracht wird. *(in Side)*
- Merken Sie sich, welche Farbe der kleine Eimer in der Geschichte hat. *(rot)*
- Merken Sie sich, was die Enkelin in dem Eimer sammelt. *(Muscheln)*
- Merken Sie sich, wer in Side Urlaub macht. *(Oma Klaudia, Opa Peter, Enkelin Lisa)*
- Merken Sie sich, was die drei an der Strandpromenade trinken. *(Orangensaft und Granatapfelsaft)*

Strandspaziergang

Oma Klaudia und Opa Peter verbringen seit einigen Tagen mit ihrer 5-jährigen Enkelin Lisa einen traumhaften Urlaub in Side.
Von ihrem Hotel aus können sie kilometerlange Strandspaziergänge unternehmen. Auch die kleine Lisa watet brav mit ihren Großeltern am Wasser entlang *(auf der Stelle gehen)*. Zu schade, dass es verboten ist, die schönen Muscheln mit nach Hause zu nehmen.
Trotzdem bückt sich die kleine Lisa auch beim heutigen Strandspaziergang und legt eine Muschel nach der anderen in ihr rotes Eimerchen *(nach vorn bücken, imaginäre Muscheln aufheben und in einen Eimer legen)*.
Dann aber möchte Lisa mit Opa Peter lieber eine Sandburg bauen. Kurzerhand schüttet sie ihre gesammelten Muscheln wieder aus *(das Ausschütten nachahmen)*. Und schon beginnt sie, den Eimer mit Sand zu füllen. Da sie keine Schaufel hat, nimmt sie ihre kleinen Händchen, greift in den warmen, weißen Sand und gibt ihn in den Eimer *(mit den Händen imaginären Sand schaufeln)*. „Mach mit", fordert sie ihren Großvater auf. Natürlich hilft dieser seiner Enkelin gern.

Während Lisa und Opa Peter Eimer für Eimer füllen, um mit dem Sand eine kleine Sandburg zu bauen, schaut Oma Klaudia, was um sie herum passiert *(Hände abwechselnd an die Stirn legen und in die Runde schauen)*. Eine Gruppe von jungen Leuten spielt Beachvolleyball *(einen imaginären Ball mit beiden Händen über ein Netz schmettern)*. In einem anderen Strandbereich sieht sie *(Hände abwechselnd an die Stirn legen und in die Runde schauen)*, wie zwei Männer Federball spielen *(Federballspiel nachahmen)*.
In der Zwischenzeit schließen die beiden fleißigen Sandburgenbauer ihre Arbeit ab. Oma Klaudia hört, wie sie gerufen wird *(Hände abwechselnd an die Ohren halten)*. Gebührend bewundert sie das kleine Kunstwerk.

Lisa strahlt voller Stolz übers ganze Gesicht, denn sie hat ihre Sandburg mit den vorher eingesammelten Muscheln kunstvoll geschmückt. Oma Klaudia nimmt den Fotoapparat aus ihrer Tasche und fotografiert die Sandburg mit Lisa und Opa Peter *(mit einem imaginären Fotoapparat fotografieren)*.

Doch Sandburgenbauen macht durstig. So beschließen die drei, zur Promenade zu gehen *(auf der Stelle laufen)*. Dort werden sie erst einmal etwas trinken. Das mitgebrachte Wasser hat Opa Peter nämlich zum Bauen der Sandburg verwendet. Die Promenade verläuft parallel am Strand und ist schnell erreicht. Lisa trinkt einen frisch gepressten Orangensaft, die Großeltern jeweils einen Granatapfelsaft *(Trinken nachahmen)*. Opa Peter zahlt die Rechnung *(die Daumen beider Hände über die restlichen Finger reiben)*. Anschließend gehen die drei wieder zum Strand zurück *(auf der Stelle gehen)*.

Oma Klaudia nimmt aus ihrer Badetasche ein großes Strandlaken und breitet es im Sand aus. In der Zwischenzeit hat Opa Peter die Luftmatratze aufgeblasen *(mehrmals tief durch die Nase einatmen und den Mund ausatmen)*. Lisa kann es kaum abwarten mit ihren Großeltern im Meer zu schwimmen *(Schwimmbewegungen machen)*. Aber ehe es ins Wasser geht, cremen sie sich noch gut ein *(eincremen nachahmen)*. Endlich setzt sich Opa Peter mit Lisa auf die Luftmatratze und gemeinsam „paddeln" sie los *(mit den Armen paddeln)*. Als eine etwas größere Welle kommt *(mit den Armen abwechselnd Wellenbewegungen machen)*, jauchzt Lisa auf, weil ihre Luftmatratze einen kleinen Hüpfer macht. Viel zu schnell ist der Wasserspaß vorbei und sie gehen zurück zu ihrem Hotel *(auf der Stelle gehen).*

Aber morgen ist ja schließlich auch noch ein Tag und zum Glück ist der Urlaub noch lange nicht vorbei.

Gedächtnisübungen

1. Wortsammlung

Die Teilnehmer suchen nach Wörtern, die mit dem Wort „Strand" beginnen.

Beispiele: Strandkorb, Strandliege, Strandlaken, Strandbar …

2. Stadt-Land-Fluss

Die Teilnehmer nennen reihum eine Stadt, ein Land und einen Fluss.

Beispiele: Stockholm – Belgien – Isar – Regensburg – Dänemark – Po …

Hinweis: Je nach Leistungsfähigkeit der Teilnehmer kann die Übung schwieriger gestaltet werden, indem Land und Fluss mit der genannten Stadt zu tun haben müssen, wie z. B. Rom – Italien – Tiber …

3. Wer muss raus?

Lesen Sie die fünf Begriffe einer Reihe vor. Die Teilnehmer sollen herausfinden, welcher der Begriffe auszuschließen ist. Ihre Antwort sollen sie begründen. Je nach Begründung kann es auch eine andere Lösung geben.

Beispiele:

a. CH – A – E – GR – **IC**
Lösung: IC ist die Abkürzung für Intercity-Zug und kein Länderkennzeichen.

b. Eifelturm – Tower Bridge – Schiefer Turm – **Freiheitsstatue** – Zwinger
Lösung: Die Freiheitsstatue ist keine Sehenswürdigkeit in Europa.

c. Capri – Elba – **Madeira** – Ischia – Sizilien
Lösung: Madeira ist keine italienische Insel.

Reisefieber

Die folgende **Bewegungsgeschichte** ist so aufgebaut, dass die Teilnehmer zu bestimmten Signalwörtern, die in der Geschichte farbig hervorgehoben sind, Bewegungen ausführen. Erklären Sie Ihren Teilnehmern vorab, dass die Bewegungen an bestimmte **Länder** *(in die Hände klatschen)*, **Städte** *(mit den Füßen auf den Boden stampfen)* und **Sehenswürdigkeiten** *(Hände im Wechsel an die Stirn legen und in die Ferne schauen – sind die Teilnehmer gut beweglich, wechseln sie auf den Platz ihres rechten Nachbarn)* gebunden sind.

Lesen Sie die Geschichte erneut langsam vor und stellen Sie Ihren Teilnehmern vorab – je nach Leistungsfähigkeit – eine oder mehrere der folgenden Aufgaben.

- Merken Sie sich, wer im Reisebüro arbeitet. *(Melanie)*
- Merken Sie sich, wer als Erstes das Reisebüro betritt. *(ein junges Pärchen)*
- Merken Sie sich, was das junge Pärchen besichtigen will. *(Eiffelturm, Moulin Rouge, Louvre Museum)*
- Merken Sie sich die Reiseziele der Kreuzfahrt. *(Palma de Mallorca, Cadiz, Barcelona, Valencia, Malaga, Gibraltar, Lissabon)*
- Merken Sie sich, welches Angebot Melanie den beiden Frauen macht. *(Hamburg, Hotel in der Nähe der Neuen Philharmonie)*

Reisefieber

Melanie arbeitet in einem Reisebüro. Vor einer Woche sind die neuen Kataloge erschienen. Tag für Tag kommen mehr Urlaubssuchende zu ihr, um sich fachmännisch beraten zu lassen. Bei den Kunden ist das Reisefieber ausgebrochen. Keiner möchte den Frühbucherrabatt verpassen und so geben sich die angehenden Urlauber die Klinke nahezu in die Hand.
Die Urlaubswünsche sind dabei ganz unterschiedlich – von Städtereisen bis Fernreisen ist alles vertreten.

Gerade kommt ein junges Pärchen zu Melanie ins Reisebüro. Die beiden machen einen sehr verliebten Eindruck. Es ist nicht verwunderlich, dass sie sich für eine Reise in die Stadt der Liebe interessieren. Es soll nach **Paris** in **Frankreich** gehen. Neben einer Stadtbesichtigung und dem Besuch des **Eiffelturms** möchten sie auch an einer Abendvorstellung im berühmten Varietétheater **Moulin Rouge** teilnehmen. Schnell wird Melanie fündig und kann den beiden ein schönes Hotel mitten in **Paris** zu einem sehr günstigen Preis anbieten. Da das Hotel erst vor Kurzem neu eröffnet hat, gibt es als kleines Bonbon einen Gutschein für das **Louvre Museum** dazu. Das junge Pärchen überlegt nicht lange, bucht und verlässt glücklich das Reisebüro.

Es dauert nicht lange und Melanie kann ein älteres Ehepaar begrüßen. Dieses möchte eine Mittelmeerkreuzfahrt buchen. Gesehen haben die beiden die Reise im neuen Katalog. Sie fühlen sich von dieser sehr angesprochen.
Starten soll die Kreuzfahrt in **Palma de Mallorca** in **Spanien**. Natürlich ist der Besuch der bekannten **Kathedrale La Seu** vor dem Beginn der Kreuzfahrt mit im Programm. Von dort führt die Route weiter in das andalusische **Cadiz**.

Die faszinierende Stadt wird wegen ihrer Form auch als „Silbertässchen" bezeichnet. Neben weiteren Zielen, wie **Barcelona, Valencia, Malaga** und **Gibraltar**, führt die Kreuzfahrtroute die Schiffsreisenden auch nach **Portugal**, und zwar in die Hauptstadt **Lissabon**. Hier hat man Gelegenheit, das **Entdeckerdenkmal** oder das bekannteste Wahrzeichen der Stadt, den **Turm vom Belém**, zu besichtigen.
Auch dem älteren Ehepaar kann Melanie weiterhelfen und so verlassen diese nach einer knappen Stunde zufrieden das Reisebüro.

Melanie brüht sich eine Tasse Tee auf. Kaum hat sie diese ausgetrunken, kündigt die Türglocke bereits neue Interessenten an, die das Reisefieber gepackt hat.
Dieses Mal sind es zwei junge Frauen, die auf der Suche nach einem Angebot für ein Wellness-Wochenende sind. Am liebsten wäre ihnen ein schönes Wellnesshotel in **Hamburg**, denn sie möchten gern Entspannung und ein wenig Kultur miteinander verbinden. Melanie offeriert den beiden ein schönes Hotel in der Nähe der **Neuen Philharmonie**. Die jungen Frauen hätten jedoch lieber etwas in der Nähe der **Reeperbahn**, da sie bereits Theaterkarten für „Schmidts Theater" haben. Alternativ zu **Hamburg** würde ihnen auch noch **Berlin** zusagen, falls Melanie hier mit einem günstigen Angebot aufwarten könnte. Leider sind die Wunschtermine der beiden schon alle vergeben, sodass sie sich dann doch für **Hamburg** entscheiden.

Die letzten Kunden für den heutigen Tag kommen eine halbe Stunde vor Geschäftsschluss. Sie möchten nach **England**, genauer gesagt, nach **London**. Melanie kann ihnen ein Komplettpaket mit Hotel und dem Besuch verschiedener Sehenswürdigkeiten, wie z. B. der **Tower Bridge**, **Windsor Castle** und einer **Stadtrundfahrt** zu einem unschlagbar günstigen Preis anbieten. Die Kunden greifen sofort zu.
Für Melanie geht somit ein arbeitsreicher Tag pünktlich zu Ende.

Gedächtnisübungen

1. Reisefieber

Die Teilnehmer nennen zu den Buchstaben des Wortes „Reisefieber" Dinge, die man mit in den Urlaub nehmen kann.

Beispiele: Reiseführer, **E**rsatzbatterien, **i**nteressantes Buch, **S**onnencreme, **E**inmalhandschuhe, **F**otoapparat, **I**mpfpass, **E**-Bike, **B**adesachen …

2. Reimen Sie!

Schreiben Sie nachfolgende Übung an ein Flipchart oder eine Tafel. Die Teilnehmer ergänzen die passenden Wörter, die sich beim Lesen reimen müssen. Mögliche Lösungen sind für Sie farbig hervorgehoben.

Beispiele:

a. Keine Reise ohne Geld, kein Film ohne Held.
b. Keine Reise ohne Tasche, kein Pulli ohne Masche.
c. Keine Reise ohne Pass, kein Wein ohne Fass.
d. Keine Reise ohne Kleider, kein Erfolg ohne Neider.
e. Keine Reise ohne Pause, keine Alm ohne Jause.

Tipp: Lassen Sie die Teilnehmer nach weiteren Reimen suchen.

3. Stadt-Land-Fluss mal anders

Die Teilnehmer nennen reihum eine Stadt, ein Land und einen Fluss. Hierzu greifen sie immer den letzten Buchstaben des vorigen Wortes auf.

Beispiele: Frankfur**t** – **T**hailan**d** – **D**ona**u** – **U**l**m** – **M**adagaska**r** – **R**hon**e** – **E**islebe**n** – **N**orwege**n** – **N**aab …

Abenteuerwochenende im Safaripark

Die folgende **Bewegungsgeschichte** ist so aufgebaut, dass die Teilnehmer immer eine Bewegung ausführen, wenn ein Tier genannt wird. Bitte beachten Sie, dass Tiere auch in versteckter Form, wie z. B. in „**Rind**s-bratwürsten" vorkommen können.
Bei allen **Tieren**, die mit den Buchstaben **A–K** beginnen, wird **2-mal in die Hände geklatscht**. Bei allen **Tieren**, die mit den Buchstaben **L–Z** anfangen, **überkreuzen** die Teilnehmer **beide Hände vor der Brust**, wenn möglich, **fassen** sie sich dabei **an die Schultern** – anschließend führen sie die Fäuste nach vorn.
Lesen Sie die Geschichte so langsam vor, dass Ihre Teilnehmer die Bewegungen an den entsprechenden Stellen ausführen können. Damit Sie die Bewegungsübungen schnell erkennen, sind die Anfangsbuchstaben der Tiernamen in **Schwarz** hervorgehoben, wenn sie mit **A–K** beginnen, und die Anfangsbuchstaben in **Blau** hervorgehoben, wenn sie mit **L–Z** anfangen. Je nach Zielgruppe können Sie die Bewegungsübungen auch vor dem Lesen einmal mit den Senioren ausführen.

Lesen Sie die Geschichte erneut langsam vor und stellen Sie Ihren Teilnehmern vorab – je nach Leistungsfähigkeit – eine oder beide folgende Aufgaben:

- Merken Sie sich, welche Personen in der Geschichte vorkommen. *(Oma Gustel, Kai, Parkmitarbeiter Martin, Busfahrer Joe)*
- Merken Sie sich, was es alles zum Essen gibt. *(Stockbrot, Rindsbratwürste, Hähnchenschenkel, Schweinesteaks, Hirschschinken, Straußenrührei, Bienenhonig im Tee, Rieseneisbecher)*

Abenteuerwochenende im Safaripark

Heute fängt ein ganz besonderes Wochenende an. Oma Gustel hat ihrem Enkel Kai zu seinem zehnten Geburtstag einen Besuch mit Übernachtung im Safaripark geschenkt. Begleiten Sie die beiden auf ihrem Abenteuerwochenende, bei dem es bestimmt viel zu erleben gibt.

Nach einer problemlosen Anreise kommen Oma Gustel und Kai freudestrahlend und erwartungsvoll im Park an. Sie werden von Martin, einem der Parkmitarbeiter, begrüßt und zu ihrer Lodge geführt. Auf dem Weg sehen und hören sie schon die ersten **E**lefanten. In Windeseile richten sie sich in ihrer Unterkunft ein. Dann begeben sie sich auf Erkundungstour. Von Martin haben sie einen Übersichtsplan vom Safaripark und den Fahrplan für den Safaribus erhalten. Der Bus fährt die Besucher durch das Gelände, sodass sie die Tiere hautnah in freier Umgebung beobachten können.

Kaum haben Oma Gustel und Kai im Bus Platz genommen, geht die Abenteuerfahrt los. Zuerst fahren sie in das nach afrikanischem Vorbild angelegte Wildareal. Hier sehen sie **G**iraffen, **W**asserböcke und **A**ntilopen. Eine neugierige **G**iraffe kommt ganz nah an den Safaribus heran, genau vor Oma Gustels und Kais Fensterplatz. Mit ihrer langen, blauen Zunge leckt die **G**iraffe an der Fensterscheibe. Nach dem ersten Schrecken fangen Oma Gustel und Kai an, zu lachen.
Der Bus setzt die Fahrt fort und schon gibt es die nächsten Tiere aus unmittelbarer Nähe zu beobachten. Sie sehen eine Gruppe **K**ronenkraniche. Der Busfahrer Joe erklärt, dass **K**raniche zu den ältesten **V**ogelarten der Welt gehören. In vielen Kulturen gelten sie als Symbol für ein langes Leben. Viel zu schnell geht der erste Tag vorbei. Ein tolles Lagerfeuer mit Barbecue und Stockbrotbacken rundet das Erlebte ab. Zu essen gibt es **R**indsbratwürste, **H**ähnchenschenkel und **S**chweinesteaks.

Als Oma Gustel und Kai in ihren Betten liegen, plaudern sie über die vielen Tiere, die sie heute gesehen haben. Kai möchte morgen unbedingt die Löwen und Zebras besuchen. Doch einschlafen können die beiden trotz ihrer Müdigkeit noch nicht, denn eine Stechmücke raubt ihnen die Nachtruhe. Erst nachdem Oma Gustel sie gefangen hat, schlummern die zwei ein.

Mit den ersten Sonnenstrahlen stehen Oma Gustel und Kai auf. Nach einem herzhaften Frühstück mit **H**irschschinken, Straußenrührei und Tee mit **B**ienenhonig, starten sie frisch gestärkt eine erneute Erkundungstour. Heute geht es mit dem Safaribus durch den Park. Kai hat Glück, sein Wunsch, Löwen und Zebras zu sehen, erfüllt sich unmittelbar.
Sie fahren weiter durch viele unterschiedlich anmutende Wildareale. Genau wie gestern kann ihnen ihr Busfahrer Joe zu jedem Tier etwas Interessantes erzählen. Schimpansen können bis zu 60 Jahren alt werden; der **G**epard ist das schnellste Landtier, er erreicht in wenigen Sekunden eine Geschwindigkeit von 90 bis 110 km/h; und von den weißen Tigern gibt es nur noch etwa 300 wildlebende – das erfahren sie von Joe.
Oma Gustel und Kai sehen auch ein Nashornbaby, das sich gerade im Schlamm suhlt – was für ein süßer Anblick. Das Nashornbaby trägt den Namen „Lucky", was auf Deutsch so viel wie „der Glückliche" bedeutet.

Die Zeit vergeht wie im Flug und ihre letzte Etappe führt die beiden zu den Streicheltieren. Oma Gustel streichelt zaghaft ein Wildeselbaby, das sich angenehm weich anfühlt. Kai zieht es derweil zu den **K**lammeraffen hin, deren Fell kurz und rau ist.
Zum Abschluss ihres Abenteueraufenthaltes im Safaripark gönnen sich Oma Gustel und Kai einen Rieseneisbecher in Form eines **B**ären. Dieses Erlebnis wird ihnen noch lange im Gedächtnis bleiben.

Gedächtnisübungen

1. Abc-Übung Tiere

Die Teilnehmer suchen zu den Buchstaben des Alphabets passende Tiere.

Beispiele: Affe, **B**ison, **C**hamäleon, **D**elfin, **E**lefant, **F**aultier, **G**iraffe …

2. Richtig oder falsch?

Lesen Sie nachfolgende Behauptungen vor, die Teilnehmer sollen entscheiden, ob diese richtig oder falsch sind.

a. Ein Haselnussbohrer dient zum leichteren Öffnen der Haselnüsse. **Antwort: Falsch, ein Haselnussbohrer ist ein 8 mm langer Rüsselkäfer, der seine Eier in junge (Hasel-)Nüsse legt.**

b. Als Ichthyologie bezeichnet man eine ärztliche Behandlung mit Ichthyol-Salbe. **Antwort: Falsch, Ichthyologie ist die griechische Bezeichnung für Fischkunde.**

c. Es gibt Stummelaffen, die ihren Namen aufgrund ihres rückgebildeten Daumens erhielten. **Antwort: Richtig.**

d. Die Zunge einer Giraffe kann bis zu einem halben Meter lang werden. **Antwort: Richtig.**

3. Vier Wörter – ein Gedicht

Schreiben Sie vier Wörter an ein Flipchart oder eine Tafel. Die Teilnehmer verfassen ein Gedicht, in dem diese Wörter vorkommen.

Beispiel: Pferd, Haus, Knochen, Mund
Ein **Pferd** und eine Maus,
die trafen sich im **Haus**.
Da kam vorbei ein Hund,
mit **Knochen** in dem **Mund**.

Ferien auf dem Bauernhof

In der folgenden **Bewegungsgeschichte** sollen die Teilnehmer nach vorgegebenen Kriterien unterschiedliche Bewegungsabläufe durchführen:

- Bei **Tieren mit zwei Beinen**: mit den Füßen abwechselnd auf den Boden auftreten
- Bei **Tieren mit vier Beinen**: in die Hände klatschen
- Bei **Gerätschaften des Bauernhofes**: mit beiden Händen einen Kreis in die Luft malen
- Bei **Produkten des Bauernhofes**: abwechselnd mit der linken und rechten Hand über den Bauch reiben

Damit Sie die Bewegungsimpulse schnell erkennen, sind die relevanten Begriffe farbig hervorgehoben. Je nach Zielgruppe können Sie die Bewegungsimpulse auch vor dem Lesen einmal mit den Senioren ausführen.

Lesen Sie die Geschichte erneut langsam vor und stellen Sie Ihren Teilnehmern vorab – je nach Leistungsfähigkeit – eine oder mehrere der folgenden Aufgaben:

- Merken Sie sich den Namen des Bauern. *(Ruedi)*
- Merken Sie sich, welche Personen in der Geschichte vorkommen. *(Lieselotte, Erich, Ruedi, Vroni)*
- Merken Sie sich, welche Gerätschaften in der Geschichte vorkommen. *(Schaufel, Schubkarre, Eimer, Melkschemel, Kanne)*

Ferien auf dem Bauernhof

In diesem Sommer haben Lieselotte und Erich etwas ganz Besonderes vor. Kürzlich haben sie einen Bericht über einen Biobauernhof gelesen. Dort kann man während seines Urlaubes mitarbeiten, um das Landleben besser kennenzulernen.
Als typische Stadtmenschen stellen sie sich diese Urlaubsvariante sehr romantisch vor. Kurz entschlossen, buchen Lieselotte und Erich einen einwöchigen Aufenthalt bei Bauer Ruedi in der Schweiz.

Nach einer 6-stündigen Autofahrt kommen die beiden beim Biobauernhof an. Ein großer **Hofhund** begrüßt sie schwanzwedelnd. Bauer Ruedi treibt gerade die **Kühe** in den Stall und winkt seinen Gästen von Weitem freundlich zu. Dabei ruft er zu ihnen herüber: „Grüezi, ihr zwei. Schön, dass ihr da seid, ihr könnt mir direkt helfen. Bitte füttert die **Hühner** und **Schweine**, das Futter findet ihr neben den Ställen." Hoch motiviert, laufen Lieselotte und Erich zum **Hühner**stall. Mit einer **Schaufel** verteilen sie das Futter auf dem Boden.
Danach geht es zum **Schweine**stall. Dort schlägt ihnen ein durchdringender Geruch in die Nase, den sie so nicht erwartet hatten.
Auf einer **Schubkarre** stehen bereits **Eimer** mit Futter, die sie nur noch auskippen müssen. Lieselotte, die die ganze Zeit die Luft angehalten hat, stürmt aus dem Stall und fällt dabei fast über eine **Ziege**.

Ehe sie sich von ihrem Schrecken erholt hat, hört sie Bauer Ruedi rufen: „Die **Ziege** kannst du gleich melken. Das ist die **Milch** für unser Abendbrot."
Völlig verdattert, greift Lieselotte den **Melkschemel** und eine kleine **Kanne**, um die **Ziege** zu melken. Ehe Lieselotte sich versieht, hat die **Ziege** ihr ein Loch ins Kleid gerissen und ist auf und davon. Lachend kommt Bauer Ruedi angerannt, doch Lieselotte findet das alles über-

haupt nicht komisch. Ihr schönes, neues Kleid ist ruiniert. Erich versucht, die Situation zu retten, und zeigt auf ein paar **Katzenbabys**, die um die Ecke kommen. Sofort schlägt Lieselottes Herz höher und der Ärger mit der **Ziege** ist vergessen.

Nach so viel Aufregung lädt Bauer Ruedi die beiden zu einem deftigen Abendessen ein. Seine Frau Vroni hat den Tisch schon gedeckt.
Der leckere Duft von frisch gebackenem **Brot**, gegrilltem **Hähnchen** *(zwei Bewegungen durchführen lassen)* und Schweizer **Käse** schlägt ihnen entgegen. Erich und Lieselotte merken erst jetzt, wie hungrig sie sind, und langen ordentlich zu. Zum Essen gibt es einen kräftigen **Landwein**, den sich die zwei ebenfalls gut schmecken lassen.

Plötzlich springt Lieselotte schreiend auf ihren Stuhl. Eine dicke, braune **Katze** jagt eine kleine, graue **Maus** quer durch die Küche. Durch Lieselottes Schrei kommt der **Hofhund** alarmiert hereingestürmt. Ruedi mit seinem trockenen Humor meint: „Jetzt fehlt nur noch der **Esel** und wir haben die Bremer Stadtmusikanten im Haus.“ „Da fehlt aber noch der **Hahn**“, meint Erich. „Der liegt doch gebraten auf dem Tisch“, erwidert Lieselotte und steigt lachend vom Stuhl.

Nach so viel Aufregung wünschen Erich und Lieselotte eine gute Nacht und gehen auf ihr Zimmer. Müde packen sie endlich ihre Sachen aus und bemerken, dass sie noch ihre gute Stadtkleidung tragen. Diese sieht zum Entsetzen der beiden ziemlich ramponiert aus und riecht nach **Hühner-** und **Schweine**stall. Nach einer erfrischenden Dusche fallen beide **hunde**müde ins Bett.
Am nächsten Morgen werden sie von **Vogel**gezwitscher und einem **Hahn**enschrei in aller Frühe geweckt.
Welches Abenteuer erwartet sie wohl heute?

Gedächtnisübungen

1. Brainstorming – Tiere auf dem Bauernhof

Die Teilnehmer nennen Tiere, die auf einem Bauernhof zu finden sind.

Beispiele: Hühner, Schweine, Kühe, Ameisen, Fliegen, Katze, Hund …

2. Gefüllte Entenbrust

Schreiben Sie das Wort „Entenbrust" von oben nach unten und von unten nach oben an ein Flipchart oder eine Tafel. Die Teilnehmer suchen für den Zwischenraum des Anfangs- und Endbuchstabens je drei Wörter, die mit diesen Buchstaben beginnen bzw. enden.

Beispiele:

E .... T → Etat, Eklat, Einhalt …
N .... S → Nuss, Neuss, Nikolaus …
T .... U → Tabu, Tau, Taubenschau …
E .... R → Eber, Eimer, Eier …
N .... B → Naab, Nähkorb, Natururlaub …
B .... N → Bienen, Bohnen, Birken …
R .... E → Reise, Ruhe, Regie …
U .... T → Untat, Unterricht, Unmut …
S .... N → Saturn, Sohlen, Schlangen …
T .... E → Tinte, Tante, Tonne …

3. Fantasiereisen

Die Teilnehmer erfinden für Reiseziele Aktivitäten, die es dort so nicht gibt.

Beispiele: Italien: Spaghetti-Weitwurf, Frankreich: Schnecken-Slalom, Österreich: Germknödel-Zielwerfen, Norwegen: Eiswürfel-Hochstapeln …

Eine Rucksacktour

Die folgende **Bewegungsgeschichte** ist so aufgebaut, dass Sie als Vorleser die Bewegungen vorführen und Ihre Teilnehmer die Bewegungen nachmachen. Damit Sie die Bewegungsimpulse schnell erkennen, sind diese farbig in Klammern hervorgehoben. Je nach Zielgruppe können Sie die Bewegungsübungen auch vor dem Lesen einmal mit den Senioren ausführen.

Lesen Sie die Geschichte erneut langsam vor und stellen Sie Ihren Teilnehmern vorab – je nach Leistungsfähigkeit – eine oder mehrere der folgenden Aufgaben:

- Merken Sie sich den Namen des Wandervereins. *(Qualmende Socke)*
- Merken Sie sich, wo der Wanderurlaub stattfindet. *(Tiroler Berge)*
- Merken Sie sich, welche Missgeschicke auf der Wandertour passieren. *(Oskar fällt in den Bach, Heinrich landet im frischen Kuhfladen)*
- Merken Sie sich die Namen der Wanderfreunde. *(Oskar, Heinrich, Helmut, Werner, Georg)*

Eine Rucksacktour

Der Wanderverein „Qualmende Socke“ verbringt seinen diesjährigen Wanderurlaub in den Tiroler Bergen. Diesmal besteht die Gruppe aus den fünf Wandergesellen Oskar, Heinrich, Helmut, Werner und Georg. Seit drei Tagen erwandern sie die nähere Umgebung und fühlen sich an ihrem Urlaubsort richtig wohl.

Heute wollen die fünf eine größere Wandertour in Angriff nehmen und jeder ist dabei, seinen Rucksack abmarschbereit zu packen. Oskar steckt gerade mehrere Brötchen ein *(etwas imaginär in den Rucksack legen)*, während Heinrich die Wanderkarte zusammenfaltet *(so tun, als ob man ein Stück Papier zusammenfaltet)*. Werner überprüft den Schraubverschluss an seiner Trinkflasche *(erst mit der rechten Hand eine Drehbewegung, dann mit der linken Hand eine Drehbewegung machen)*. Helmut und Georg klopfen derweil die angetrocknete Erde von den Sohlen ihrer Wanderschuhe ab, indem sie sie gegeneinanderschlagen *(in die Hände klatschen)*. Schnell ist alles gepackt und es kann losgehen.

Mit ihren Wanderstöcken gehen die fünf Wandergesellen, gut gelaunt, des Weges *(mit beiden Füßen auf der Stelle gehen und abwechselnd mit dem rechten und linken Arm vor- und zurückschwingen)*. Nachdem sie bereits eine gute Stunde gewandert sind, kommen die Männer an einem kleinen Bachlauf vorbei. Oskar möchte sich gern erfrischen *(so tun, als ob man sich Wasser ins Gesicht spritzt)*. Dazu hat er sich auf einen Stein gestellt, der plötzlich anfängt, zu wackeln *(mit dem Oberkörper hin und her wiegen)*. Ehe Oskar reagieren kann, liegt er auch schon im Wasser. Seine Freunde eilen rasch herbei, um ihren triefend nassen Wanderfreund aus seiner misslichen Lage zu retten. Mit vereinten Kräften ziehen sie Oskar aus dem Bach *(mit beiden Händen eine ziehende Bewegung machen)*.

Wieder auf trockenem Fuße steht Oskar wie ein begossener Pudel vor seinen Freunden und schüttelt sich das Wasser von seiner Kleidung *(Schüttelbewegung machen)*. Kurzerhand zieht er seine Sachen aus. Alle Wanderfreunde helfen ihm beim Auswringen der Kleidungsstücke *(mit beiden Händen Wringbewegungen machen)*.

Während Oskars Sachen in der Sonne trocknen, verspeisen die fünf Männer ihre mitgebrachten Brötchen *(Kaubewegung)* und prosten sich gegenseitig mit ihren Trinkflaschen zu *(den Nachbarn zuprosten)*.
Endlich ist auch Oskars Kleidung so weit getrocknet, dass er sich wieder anziehen kann. Die fünf Wandergesellen können ihre Rucksacktour fortführen *(mit beiden Füßen auf der Stelle gehen und abwechselnd mit dem rechten und linken Arm vor- und zurückschwingen)*.

Die fünf kommen an Wiesen, Feldern und kleinen, alten Bauernhäusern vorbei. An einem am Wegesrand liegenden Brunnen füllen Oskar, Heinrich, Helmut, Werner und Georg ihre Trinkflaschen mit Quellwasser auf. Zur Erfrischung waschen sie sich unter dem fließenden kühlen Wasserstrahl ihre Hände *(Hände waschen)*.
Gleich nebenan hören sie auf der Weide Kuhglockengeläut und das Muhen der Kühe *(Hand hörend ans Ohr legen)*. Übermütig springen sie über den Zaun und gehen auf die Tiere zu. Diese fühlen sich in ihrer Ruhe gestört und kommen geradewegs auf die Männer zugerannt. Die fünf Freunde stürmen dem Zaun entgegen und können sich gerade noch mit einem großen Sprung retten. Dabei landet Heinrich in einem frischen Kuhfladen *(Nase zuhalten)*.

Beim Abendessen lassen die Wandergesellen den Tag noch einmal Revue passieren. So eine lustige Tour hatten sie schon lange nicht mehr.

Gedächtnisübungen

1. Wortsammlung

Die Teilnehmer suchen Wörter, die mit dem Wort „Wander-" beginnen.

Beispiele: Wandertag, Wanderführer, Wanderurlaub, Wanderkarte ...

2. Erinnerungsbilder

Die Teilnehmer überlegen, welche Motive sie auf einer Wanderung fotografieren könnten.

Beispiele: Enzian, Edelweiß, Schmetterlinge, Wasserfall, Bergsee ...

Tipp: Die Antworten können an ein Flipchart oder eine Tafel geschrieben werden. Die Teilnehmer suchen sich zwei Wörter aus und bilden damit einen Satz, z. B. Bergsee und Murmeltiere: „Während ich im Bergsee bade, schauen mir die Murmeltiere zu."

3. Entscheiden Sie sich

Lesen Sie den Teilnehmern nachfolgende Fragen mit den dazugehörigen Antwortmöglichkeiten vor. Die Teilnehmer entscheiden, welche die richtige Antwort ist. Die richtige Antwort ist farbig hervorgehoben.

Beispiele:

a. Welcher Berg gehört zu Tirol?
Zugspitze – **Großglockner** – Matterhorn

b. Welche Stadt liegt nicht in Tirol?
Brixen – Wörgl – **Bern**

c. Welche Sehenswürdigkeit finden Sie nicht in Tirol?
Schloss Linderhof – Goldenes Dachl – Kaiserliche Hofburg

Knobelgeschichten

Mit diesen Geschichten zum **Knobeln** fordern Sie das Gehirn voll und ganz heraus! Sie trainieren nicht nur das assoziative und logische Denken, sondern auch die Wortfindung, Urteilsfähigkeit, Denkflexibilität und nicht zuletzt das Langzeitgedächtnis – und wirken damit vorbeugend der Vergesslichkeit entgegen!
Nehmen Sie die geistige Herausforderung an? Dann bringen Sie mit diesen Geschichten die Köpfe richtig zum Qualmen!

Eine Reise nach Italien

Die folgende **Knobelgeschichte (Zwillingswortgeschichte)** beinhaltet Wörter, die sprachlich als Wortpaar zusammengehören und immer mit einem „und“ verbunden sind, z. B. bei Wind und Wetter, mit Pauken und Trompeten, wie Samt und Seide, wie Pech und Schwefel, auf und ab, kreuz und quer.
Die Geschichte ist so aufgebaut, dass Sie als Vorleser bei einem Zwillingswort den ersten Teil lesen und beim zweiten Teil pausieren. Aufgabe Ihrer Teilnehmer ist es, die passenden Zwillingswörter in der Geschichte zu ergänzen. Die Wörter, die ergänzt werden sollen, sind für Sie als Vorleser zur schnelleren Erkennbarkeit farbig hervorgehoben.
Bevor Sie mit dem Vorlesen der Geschichte beginnen, geben Sie Ihren Teilnehmern ein paar Beispiele (siehe oben) von Zwillingswörtern.
Lesen Sie dann die Geschichte langsam vor.

Lesen Sie die Geschichte erneut langsam vor und stellen Sie Ihren Teilnehmern vorab – je nach Leistungsfähigkeit – eine oder mehrere der folgenden Aufgaben:

- Merken Sie sich, wo die Reise hingeht. *(Italien, Rimini)*
- Merken Sie sich, wie Familie Müller dorthin kommt. *(Minibus)*
- Merken Sie sich, wie lange die Fahrt dauert. *(zwölf Stunden)*
- Merken Sie sich, wie die beiden Kinder heißen. *(Hanni und Nanni)*
- Merken Sie sich, wer alles mitfährt. *(Mutter Elke, Vater Olaf, Oma Gerda, Opa Paul, Tante Isolde, Onkel Max, die Enkelkinder Hanni und Nanni)*
- Merken Sie sich, was die Familie in der Strandbar isst und trinkt. *(Kaffee und Kuchen, Pommes mit Ketchup, Brot und Butter, Wurst und Käse, Wein und Wasser, Obst und Gemüse)*

Eine Reise nach Italien

Jedes Jahr fährt Familie Müller mit Kind und **Kegel** nach Italien in den Sommerurlaub. Familie Müller, das sind Mutter Elke, Vater Olaf, Oma Gerda, Opa Paul, Tante Isolde, Onkel Max sowie die Enkelkinder Hanni und **Nanni**. Ihr Lieblingsreiseziel ist Rimini, weil man dort nach Lust und **Laune** baden kann.

Bevor es mit der Reise losgeht, muss zuerst der Minibus beladen werden. Dabei geht es immer schon drunter und **drüber**. Vater Olaf wird bereits vor dem Packen angst und **bange**, denn Mutter Elke meint immer, Haus und **Hof** mitnehmen zu müssen. Auf Biegen und **Brechen** finden auch die Gepäckstücke der anderen Familienmitglieder noch ein Plätzchen im Kofferraum.
Nachdem alles unter Dach und **Fach** ist, kann es endlich losgehen und Vater Olaf ruft alle zum Einsteigen auf. Oma Gerda und Tante Isolde können sich nicht entscheiden, ob sie vorne oder hinten Platz nehmen sollen.

Die Fahrt dauert gut und **gerne** zwölf Stunden. Zu Anfang geht es über die Autobahn und dann wegen einer Umleitung kreuz und **quer** über Stock und **Stein**. Fix und **fertig** erreichen die Müllers eine Raststätte und machen erst einmal eine Pause. Mutter Elke hat für alle Essen und **Trinken** in Hülle und **Fülle** eingepackt. Das Essen ist zwar schlicht und **einfach**, dafür hält es rank und **schlank**.
Ehe die Fahrt weitergehen kann, müssen alle noch einmal zur Toilette, auf der ein reges Kommen und **Gehen** herrscht. Leider sieht es dort wegen der vielen Besucher aus wie Kraut und **Rüben**.

Frisch gestärkt und ausgeruht, setzen die Müllers die Reise fort. Über Stadt und **Land** gelangen sie endlich nach Rimini. Mit Jubel und **Trubel** werden sie in ihrem Hotel empfangen. Opa Paul und Onkel Max sind sogleich Feuer und **Flamme**.
Alle beziehen ihre Zimmer und packen die Koffer aus. Dann brechen sie auf zum Strand. Hanni und **Nanni** sind schon außer Rand und **Band**, denn sie können es nicht erwarten, ins Meer zu springen. Kaum ist die Familie am Strand angekommen, folgen ihnen auf Schritt und **Tritt** die Souvenirhändler. Oma Gerda und Tante Isolde kaufen gut und **gern** ein Strandtuch in den Farben Schwarz und **Weiß**. Das Wechselgeld lassen sie sich auf Heller und **Pfennig** zurückgeben.

Am späten Nachmittag geht die Familie Müller in eine kleine, gemütliche Strandbar für Speis und **Trank**. Die Frauen bestellen Kaffee und **Kuchen**, Hanni und **Nanni** möchten Pommes mit Ketchup. Die Männer bestellen sich lieber etwas richtig Herzhaftes, und zwar: Brot und **Butter,** Wurst und **Käse** sowie Wein und **Wasser**. Der Wirt stellt für alle noch einen Teller mit Obst und **Gemüse** hinzu.

Frisch gestärkt und gesund und **munter** machen sich alle dann auf, um noch die Stadt zu erkunden. Die Häuser der Altstadt erscheinen krumm und **schief** und es gibt vieles zu entdecken. Deshalb entschließen sie sich kurzerhand zu einer Stadtführung. Die nette Stadtführerin steht ihnen mit Rat und **Tat** zur Seite. Sie berichtet von Recht und **Ordnung** sowie von abenteuerlichen Geschichten über Ross und **Reiter** aus dem Mittelalter. Nach der interessanten Tour beschließt die Familie, zum Hotel zurückzukehren. Die Rückkehr dauert länger als gedacht, denn erst nach einer dreiviertel Stunde kommen sie dort mit Ach und **Krach** an. Sie hätten nie und **nimmer** gedacht, dass sie an einem Tag so viel Jux und **Tollerei** erleben würden. Wer weiß, was morgen passieren wird?

Gedächtnisübungen

1. Zwillingswörter finden

Die Teilnehmer suchen nach weiteren Zwillingswörtern, die nicht in der Geschichte vorkommen.

Beispiele: mit Pauken und Trompeten, mit Schlips und Kragen, sang- und klanglos, durch dick und dünn …

Tipp: Die Antworten können an einem Flipchart oder einer Tafel festgehalten werden und die Teilnehmer bilden im Anschluss vollständige Sätze daraus.

2. Wörter suchen

Die Teilnehmer suchen Wörter, die mit „Meer-" beginnen. Die Wörter werden an ein Flipchart oder eine Tafel geschrieben.

Beispiele: Meerwasser, Meersalz, Meerjungfrau, Meeralgen, Meerkatze, Meerschaum …

3. Kreativ formulieren

a. Die Teilnehmer überlegen, was die Familie am zweiten Urlaubstag alles erleben oder machen könnte.

b. Geben Sie den Teilnehmern fünf Wörter vor. Die Teilnehmer sollen diese in eine Geschichte einbauen.

Beispiele: Strand, Hühnerei, Wintermantel, Dosensuppe, Regenschirm …

Mit dem Wohnmobil ins Elsass

Die folgende **Knobelgeschichte (Abc-Geschichte)** ist von Ihren Teilnehmern an den farblich gekennzeichneten Stellen im Text in der Reihenfolge des Alphabets zu ergänzen. Dabei dürfen auch die Umlaute (ä – ö – ü), falls erforderlich, verwendet werden. Bei den vorgegebenen Antworten handelt es sich nur um Vorschläge. Andere passende Lösungswörter sind natürlich ebenfalls richtig.
Je nach Leistungsfähigkeit Ihrer Teilnehmer kann es hilfreich sein, das Abc an ein Flipchart oder eine Tafel zu schreiben und eventuell abzustreichen.

Lesen Sie die Geschichte erneut langsam vor und stellen Sie Ihren Teilnehmern vorab – je nach Leistungsfähigkeit – eine oder mehrere der folgenden Aufgaben:

- Merken Sie sich, wie die beiden Camper heißen. *(Werner und Erika)*
- Merken Sie sich, in welche Orte die Reise geht. *(Wissembourg, Cleebourg, Straßbourg)*
- Merken Sie sich, welche Sehenswürdigkeiten Werner und Erika in Wissembourg besichtigen. *(Salzhaus, Abteikirche, Altstadt)*
- Merken Sie sich, welche Speisen und Getränke in der Geschichte vorkommen. *(Croissant, Jägerschnitzel, Toast mit Krabben, frisch gezapftes Bier, gemischter Eisbecher mit Malagaeis und Nusseis, Obstler, Quarkteilchen mit Rosinen, Wein/vergorener Traubensaft)*

Mit dem Wohnmobil ins Elsass

Werner und Erika sind begeisterte Camper und lieben es, mit ihrem Wohnmobil unterwegs zu sein. Seitdem Werner im Vorruhestand ist, unternehmen die beiden immer häufiger kleine Touren, die sie spontan planen. Nachdem Werner in einer Zeitschrift einen interessanten Artikel über das nördliche Elsass gelesen hat, haben er und Erika kurzfristig beschlossen, dorthin zu fahren. Heute ist es nun so weit. Das Wohnmobil ist beladen, das Reisegepäck verstaut und so kann es losgehen.

Ohne Stau gelangen die zwei über die **A***utobahn* zu dem kleinen Ort Wissembourg, zu Deutsch „Weißenburg". Nachdem Werner das Wohnmobil vor einer **B***äckerei* geparkt hat, kauft Erika dort noch schnell für jeden von ihnen ein leckeres **C***roissant*. Frisch gestärkt, besichtigen sie das bekannte Salzhaus mit seinem ungewöhnlichen **D***ach*. Auf einem Schild ist zu lesen, dass das Salzhaus ursprünglich als Krankenhaus genutzt wurde, dann jedoch als Schlachthaus und später als Salzlager. Lange Zeit wurde im Speicher Hopfen getrocknet. Werner und **E***rika* besichtigen noch die Abteikirche und die Altstadt ehe sie zu ihrem Wohnmobil zurückkehren. Die beiden sind ganz entzückt von den schönen Fachwerkbauten mit ihren bunt gestrichenen **F***ensterläden*. Überall blühen weiße und rote **G***eranien* in ihrer ganzen Blütenpracht.

Auf ihrem Rückweg zum Wohnmobil kommen Werner und Erika an einem kleinen **H***otel* vorbei. Sie beschließen, im einladend aussehenden Biergarten zu Abend zu essen. Eine nette Bedienung namens **I***sabelle* nimmt ihre Bestellung auf. Werner wählt sich zum Essen ein **J***ägerschnitzel* aus, während sich Erika für einen Toast mit **K***rabben* entscheidet. Trinken möchten beide ein kühles, frisch gezapftes Bier.

Das Essen wird schnell serviert und schmeckt vorzüglich. Erika hat noch Lust auf eine süße **L***eckerei*. Zum Nachtisch bestellt sie sich einen

gemischten Eisbecher mit **M***alagaeis und* **N***usseis*. Werner trinkt zur Verdauung ein Gläschen **O***bstler*. Da es mittlerweile dunkel geworden ist, bezahlen sie die Rechnung und gehen gemütlich zu ihrem Wohnmobil zurück.
Leider finden Werner und Erika in der Nacht nur wenig Schlaf, da in unmittelbarer Nähe ein Hund bellt, vermutlich ein **P***udel*.

Unausgeschlafen fahren sie am frühen Morgen weiter nach Cleebourg. In einem gemütlichen Café nehmen sie ein ausgiebiges Frühstück zu sich. Erika, die Lust auf was Süßes hat, bestellt sich zusätzlich ein **Q***uarkteilchen* mit **R***osinen*.
Zufrieden und gesättigt, beschließen sie, einen Spaziergang durch die Weinberge zu machen. Vorsichtshalber cremen sich beide mit **S***onnenmilch* ein, denn es ist bereits sehr heiß. Nach einer knappen Stunde Wanderung kommen Werner und Erika an einem kleinen Weingut vorbei und beschließen, dort einzukehren. Im gemütlichen, kühlen Weinkeller nehmen sie an einer Weinprobe teil, kosten den vergorenen „**T***raubensaft*" und vergessen dabei vollkommen die Zeit. Irgendwann schaut Erika auf ihre **U***hr* und stellt erschrocken fest, dass es bereits später Nachmittag ist. Werner, der dem Wein etwas zu sehr zugetan war, fühlt sich nicht mehr in der Lage, den Weg zurück zu gehen. Daher bestellen sie kurzerhand ein Taxi. Die beiden sind ganz entzückt, denn das Taxi ist ein **V***W-Käfer* und erinnert sie an ihr erstes Auto. Nach einer Fahrt von 15 Minuten hält das Taxi vor ihrem **W***ohnmobil*. In dieser Nacht schlafen beiden wie Murmeltiere und werden am nächsten Morgen von den Klängen eines **X***ylofons* geweckt. Die Melodie klingt wie der Beatles-Song „**Y***esterday*".

Mit dieser Melodie in den Ohren fahren sie nach dem Frühstück weiter nach Straßbourg, dem letzten **Z***iel* ihrer Elsass-Reise.

Gedächtnisübungen

1. Französische Städte gesucht

Die Teilnehmer suchen nach Städten in Frankreich.

Beispiele: Paris, Lyon, Marseille, Toulouse, Nizza, Nantes, Grenoble …

2. Städteraten

Lesen Sie Ihren Teilnehmern nachfolgende Fragen zu französischen Städten vor. Diese nennen die passende Stadt.

Beispiel:

1. Wo befindet sich das Schloss des „Sonnenkönigs"? *(Versailles)*
2. Wo finden jährlich die Internationalen Filmfestspiele statt? *(Cannes)*
3. Welche Stadt ist berühmt für ihren Senf? *(Dijon)*
4. Welche Stadt ist seit 1771 für die Herstellung von Porzellan bekannt? *(Limoges)*
5. Welche Stadt reimt sich auf ein typisches italienisches Essen? *(Nizza)*
6. Welche Stadt war im Hundertjährigen Krieg die letzte Bastion der Franzosen gegen die Engländer? *(Orléans)*
7. Welche Person wird „Spatz von Avignon" genannt? *(Mireille Mathieu)*

3. Parlez vous français?

Die Teilnehmer sollen sich vorstellen, Urlaub in Frankreich zu machen. Allerdings sprechen sie kein Französisch, daher müssen sie mit Gestik und Mimik ihre Wünsche zum Ausdruck bringen.

Beispiele: Die Teilnehmer spielen pantomimisch vor „Ich habe Hunger", „Wo geht es zur Toilette?", „An welcher Haltestelle muss ich aussteigen?", „Ich möchte eine Flasche Wasser und ein Schnitzel mit Pilzen" …

Spanien olé

Die folgende **Knobelgeschichte (Stolpersteingeschichte)** beinhaltet „falsche" Wörter, die sprachlich ähnlich klingen oder als Fremdwörter falsch interpretiert wurden.
Die Geschichte ist so aufgebaut, dass Sie als Vorleser immer bis zu einem Stolperstein lesen und so lange pausieren, bis Ihre Teilnehmer den in Klammern aufgeführten Begriff genannt haben. Bei einigen Sätzen ist es hilfreich, wenn Sie den Satz zu Ende lesen und die Teilnehmer dann erst das falsche Wort richtig nennen. Die korrekten Begriffe sind für Sie als Vorleser zur schnelleren Erkennbarkeit farbig hervorgehoben.
Bevor Sie mit dem Vorlesen der Geschichte beginnen, geben Sie Ihren Teilnehmern ein paar Beispiele von Stolpersteinen (Routine – Ruine, expandieren – extrahieren). Lesen Sie dann die Geschichte langsam vor.

Lesen Sie die Geschichte erneut langsam vor und stellen Sie Ihren Teilnehmern vorab – je nach Leistungsfähigkeit – eine oder mehrere der folgenden Aufgaben:

- Merken Sie sich die Namen der Personen, die in der Geschichte vorkommen. *(Hilda, Lucia, Julio)*
- Merken Sie sich, was Hilda frühstückt. *(ein Brötchen mit Butter und Marmelade, Latte Macchiato mit einem Schuss Amaretto)*
- Merken Sie sich, welche Behandlungen Hilda bei der Kosmetikerin bekommt. *(Gesichtsmassage, Feuchtigkeitsmaske, dezentes Make-up)*

Spanien olé

Ein ganzes Jahr hat Hilda für ihren Traumurlaub in Spanien gespart. Fünf unvergessliche Tage liegen bereits hinter ihr. Gerade sitzt sie am Frühstückstisch und isst ein Brötchen mit Butter und einer leckeren Konifere **(Konfitüre)**. Dazu trinkt sie einen Latte Makkaroni **(Macchiato)** mit einem Schuss Allegretto **(Amaretto)**.

Es ist ihr letzter Urlaubstag und Hilda hat noch viel vor. Erst will sie zur Komikerin **(Kosmetikerin)** gehen, um sich ihren Teint auffrischen zu lassen. Und danach hat sie eine Verabredung mit Julio, den sie am Vorabend im Hotel kennengelernt hat.
Bei der Komikerin **(Kosmetikerin)** Lucia lässt sie sich zuerst das Gesicht massakrieren **(massieren)**. Dann bekommt Hilda noch eine Feuchtigkeitsmaske und ein differentes **(dezentes)** Make-up. Dieses soll ihre Pergamentflecken **(Pigmentflecken)** abdecken. Ihr restliches Urlaubsbidet **(Urlaubsbudget)** ist nach dieser Behandlung ziemlich zusammengeschrumpft. „Was soll's", murmelt Hilda leise vor sich hin. Sie fühlt sich zehn Jahre jünger und freut sich noch mehr auf die Verabredung mit Julio.

Ein Blick auf ihre Uhr zeigt ihr, dass sie sich sputen muss, um pünktlich zum abgemachten Treffpunkt mit Julio zu kommen. Schnell ruft sie eine Datscha **(Rikscha)** herbei, die sie in rasanter Fahrt zu ihrem Hotel bringt. In Windeseile ist sie umgezogen und frappiert **(drapiert)** sich noch ihren knallroten Lieblingsschal um ihre Schultern. Sie hofft, damit Julio imprägnieren **(imponieren)** zu können.

Nach kurzem Fußmarsch kommt Hilda gut gelaunt und voller Erwartung am verabredeten Treffpunkt, einer Papasbar **(Tapasbar)** an.
Julio wartet bereits auf sie. Er begrüßt sie mit einem galanten „Buenos Aires" **(buenos dias)** und küsst ihr dabei die Hand. Hilda fängt an, zu

transportieren **(transpirieren)**, und wischt sich eine kleine Schweißperle mit ihrem knallroten Lieblingsschal von der Stirn. Wie auf Wolke sieben begleitet sie Julio zum resignierten **(reservierten)** Tisch. Dieser ist wunderschön gedeckt und die weißen Stoffservietten sind als Schwan frappiert **(drapiert)**. Nachdem sie Platz genommen haben, bringt ihnen der Oberkellner einen Adjektiv **(Aperitif)**. Zum Essen bestellen sich beide eine landestypische Patina **(Paella)** und wählen dazu einen Rotwein. Während sie das korpulente **(opulente)** Essen genießen, erzählt ihr Julio, dass er früher einmal ein Bolero **(Torero)** war. Heute interessiert er sich für Fußball und findet, dass die spanischen Fußballspieler alle technisch serviert **(versiert)** sind.

Später am Abend tanzt ein bekanntes spanisches Flamingopaar **(Flamencopaar)**. Die Tänzerin lässt die Kastanien **(Kastagnetten)** gekonnt gegeneinanderschlagen. Ehe sich Hilda versieht, wird sie von Julio auf die Tanzfläche gezogen. So viel Spaß hatte sie schon lange nicht mehr. Nach einer Weile verlassen sie die Papasbar **(Tapasbar)** und gehen beschwingt die Pomade **(Promenade)** hinunter.
An Hildas Hotel angekommen, wird sie von Julio stürmisch in den Arm genommen. Hilda hat das Gefühl, er will sie küssen, doch sie kann sich mit einem lauten „Adidas" **(Adios)** aus der Atmosphäre **(Affäre)** ziehen.

Wieder auf ihrem Zimmer angekommen, lässt Hilda beim Kofferpacken ihren Spanienurlaub Avenue **(Revue)** passieren. Sie denkt an all die Sehenswürdigkeiten, die sie besucht hat, das Schwimmen im blauen kühlen Meer und das tolle Essen.
Aber das beeindruckendste Ereignis war der Abend mit Julio, der ihr noch lange im Gedächtnis bleiben wird.

Gedächtnisübungen

1. Spanische Inseln gesucht

Die Teilnehmer nennen bekannte spanische Inseln.

Beispiele: Mallorca, Ibiza, Menorca, Teneriffa, Gran Canaria, Fuerteventura, Lanzarote, La Gomera, La Palma, El Hierro …

Tipp: Fragen Sie die Teilnehmer, ob sie schon Urlaub auf einer dieser Inseln gemacht haben, und lassen Sie sie davon erzählen.

2. Landestypische Tänze gesucht

Nennen Sie landestypische Tänze und die Teilnehmer nennen das dazugehörige Land. Lassen Sie die Teilnehmer noch weitere Tänze suchen.

Beispiele:

a. Sirtaki = Griechenland
b. Wiener Walzer = Österreich
c. Langsamer Walzer = England
d. Rumba = Kuba
e. Twist = USA
f. Bolero = Spanien

3. Schüttelanagramm

Schreiben Sie nachfolgende Wörter an ein Flipchart oder eine Tafel. Aufgabe der Teilnehmer ist es, herauszufinden, welche Reiseländer gesucht sind.

Beispiele:

a. SAU = USA
b. NEPOL = POLEN
c. GRUNAN = UNGARN
d. NETNESIU = TUNESIEN
e. NSECDHWE = SCHWEDEN
f. KDRAEMNAE = DAENEMARK
g. CHRNLGEIAEND = GRIECHENLAND
h. GARNINIETEN = ARGENTINIEN

Die Campingtour

Die folgende **Knobelgeschichte (Sprichwortgeschichte)** beinhaltet unterschiedliche Sprichwörter und Redewendungen.
Die Geschichte ist so aufgebaut, dass Sie als Vorleser immer den Anfang eines Sprichwortes bzw. einer Redewendung lesen und so lange pausieren, bis Ihre Teilnehmer das Ende genannt haben. Das Ende des Sprichwortes ist für Sie als Vorleser zur schnelleren Erkennbarkeit farbig hervorgehoben.

Lesen Sie die Geschichte erneut langsam vor und stellen Sie Ihren Teilnehmern vorab – je nach Leistungsfähigkeit – eine oder mehrere der folgenden Aufgaben:

- Merken Sie sich, warum Opa Otto einen Campingurlaub plant. *(er will das Geld nicht zum Fenster hinauswerfen)*
- Merken Sie sich, welche holländische Spezialität die Familie probiert. *(Bitterballen)*
- Merken Sie sich, wer nicht mit auf die Campingtour kommt. *(Marias Mann Niklas)*
- Merken Sie sich, wer alles mit in den Urlaub fährt. *(Oma Erna, Opa Otto, Sohn Georg mit Frau Ursula, Tochter Maria mit ihrem Sohn Tim und ihrer Tochter Anna)*

Die Campingtour

Endlich ist es wieder Sommer. Oma Erna und Opa Otto freuen sich schon seit Wochen auf ihren Urlaub. Diesmal soll es mit der ganzen Familie nach Holland an die See gehen. Opa Otto hat mit seinen Lieben einen Campingurlaub geplant, denn sie wollen ihr Geld nicht zum Fenster **hinauswerfen**. Diesmal hat er einen Stellplatz für ihren Wohnwagen über das Internet gebucht. Das war so kompliziert, dass er fast die Flinte **ins Korn geworfen hätte**. Oma Erna hat immer wieder ihre Hilfe angeboten, aber Opa Otto meint: Viele Köche **verderben den Brei**. Der Rest der Familie wird in der Nähe zelten.

Heute geht es los. Erst werden alle Sachen, die Oma Erna und Opa Otto mitnehmen wollen, fein säuberlich vor dem Campingwagen aufgereiht, denn Ordnung **ist das halbe Leben**. Danach verstauen sie alles – und dann trifft auch schon der Rest der Familie ein. Ihr Sohn Georg mit seiner Frau Ursula und ihre Tochter Maria mit ihrem Sohn Tim und ihrer Tochter Anna. Die Enkelkinder sind schon ganz gespannt, denn sie haben noch nie eine Campingtour mitgemacht. Marias Mann Niklas hat bei der Vorstellung, im Zelt zu schlafen, kalte **Füße bekommen** und ist deswegen zu Hause geblieben. Opa Otto meint, mit dem ist sowieso nicht gut **Kirschen essen**.

Mit zwei vollbepackten Autos geht es los. Im Nu erreichen sie ihr Ziel. Da sie leider keine Campingplätze nebeneinander bekommen haben, beschließen alle, sich in einer Stunde bei Oma Erna und Opa Otto zu treffen.

Oma Erna und Opa Otto haben ihre Sachen schnell aufgebaut. Sie fahren seit 40 Jahren zum Campen und meinen: Übung **macht den Meister**. Jetzt warten die beiden schon seit zwei Stunden auf den Rest der Familie. Opa Otto murmelt: „Abwarten **und Tee trinken**.“

Endlich kommt der Rest der Familie. Opa Otto möchte wissen, warum sie sich verspätet haben. Um Informationen zu bekommen, muss er ihnen aber die Würmer **aus der Nase ziehen**. Der Aufbau der Zelte hat sich als sehr kompliziert herausgestellt. Sie haben alle von Tuten und **Blasen keine Ahnung**. Der Campingwart hat dann wohl Mitleid gehabt und für sie die Kastanien **aus dem Feuer geholt**. Ein Zelt steht immer noch etwas schief, aber besser den Spatz in der Hand als die **Taube auf dem Dach**, merkt Georg an.
Dann betrachten sie den Campingwagen von Oma Erna und Opa Otto. Eine große, blaue Markise spendet Schatten. Darunter stehen Campingstühle und ein Tisch mit einer Blümchentischdecke. Alles steht auf einem Teppich. An einer Seite ist ein Hängekorb mit verschiedenen Obstsorten drapiert. Sogar eine Mikrowelle und einen Kühlschrank haben die beiden dabei. „Da wird der Hund **in der Pfanne verrückt**", meint Ursula, „ihr schlaft hier sicherlich wie auf Rosen **gebettet**." Alle lachen und Opa Otto erwidert, dass noch kein Meister **vom Himmel gefallen ist**.

Oma Erna hat schon ein leckeres Essen vorbereitet und damit hat sie den Nagel **auf den Kopf getroffen**. Die Familie hat großen Hunger und setzt sich in geselliger Runde zusammen. Nach dem Essen wollen die Kinder Versteck spielen und schmieren den Erwachsenen so lange **Honig um den Bart / ums Maul**, bis sie mitmachen.

Der Rest des Urlaubs gestaltet sich sehr lustig. Die Familie geht baden, macht eine Fahrradtour und isst Bitterballen. Bitterballen sind eine frittierte holländische Spezialität aus Rinds- und Kalbsfleisch. Erst wollte Maria es nicht probieren, denn was der Bauer **nicht kennt, frisst er nicht**.

Als es wieder nach Hause geht, haben alle ein lachendes **und ein weinendes Auge**.

Gedächtnisübungen

1. Abc-Übung

Die Teilnehmer versuchen, zu jedem Buchstaben des Alphabets einen Gegenstand zu finden, den Sie auf eine Campingtour mitnehmen würden.

Beispiele: Angel, **B**ollerwagen, **C**ampingstuhl, **D**osenöffner …

2. Bedeutungen finden

Geben Sie Ihren Teilnehmern ein Sprichwort oder eine Redewendung vor und fragen Sie nach der Bedeutung.

Beispiele:

a. **Viele Wege führen nach Rom.** = Es gibt mehrere Möglichkeiten, eine Aufgabe zu erledigen.
b. **Aller guten Dinge sind drei.** = Man rechtfertigt sich dafür, dass man etwas mehrere Male versucht.
c. **Alter schützt vor Torheit nicht.** = Auch alte und eigentlich erfahrene Menschen begehen Fehler.
d. **Das Leben ist kein Ponyhof.** = Das Leben ist nicht immer leicht.
e. **Der Krug geht so lange zum Brunnen, bis er bricht.** = Jemand treibt etwas so lange, bis er Schaden nimmt.

3. Sprichwörter gesucht

Fragen Sie Ihre Teilnehmer, welche Sprichwörter sie kennen und wann sie sie benutzen.

Beispiel: die Daumen drücken = wenn der Enkelsohn eine Prüfung schreibt

Reiseerinnerungen

Die folgende **Knobelgeschichte (Rätselgeschichte)** beinhaltet unterschiedliche Sehenswürdigkeiten, die in Rätseln versteckt sind.
Die Geschichte ist so aufgebaut, dass Sie als Vorleser die Geschichte immer bis zur farbig gekennzeichneten Sehenswürdigkeit vorlesen und so lange pausieren, bis Ihre Teilnehmer die gesuchte Sehenswürdigkeit nennen.

Lesen Sie die Geschichte erneut langsam vor und stellen Sie Ihren Teilnehmern vorab – je nach Leistungsfähigkeit – eine oder mehrere der folgenden Aufgaben:

- Merken Sie sich, wer in den Fotoalben blättert. *(Olga und Martin)*
- Merken Sie sich, in welchem Land sie eine Rucksacktour gemacht haben. *(in Indien)*
- Merken Sie sich, welche Länder in der Geschichte vorkommen. *(Indien, Frankreich, Österreich, Australien)*
- Merken Sie sich, welche Städte Olga und Martin in Österreich besucht haben. *(Kufstein, Innsbruck, Salzburg)*
- Merken Sie sich, was Olga und Martin in Frankreich besichtigt haben. *(den Eiffelturm, das Künstlerviertel Montmartre, das Varietétheater Moulin Rouge, den Louvre)*

Reiseerinnerungen

Olga und Martin sitzen gemütlich auf dem Sofa, schauen sich ihre Fotoalben mit Urlaubsbildern an und schwelgen in Reiseerinnerungen.

Die beiden haben in ihrem Leben fast die ganze Welt bereist. Leider hat Olga nicht immer alle Fotos beschriftet, sodass sie beim Durchblättern der Alben bei manchen Bildern ins Grübeln kommen. **Helfen Sie den beiden, ihre Erinnerungen aufzufrischen.**

Martin zeigt auf zwei Fotos und fragt Olga: „Erinnerst du dich noch an unsere abenteuerliche Rucksacktour durch Indien?“ „Ja, natürlich“, antwortet Olga, „warum fragst du?“ „Na, mir fällt gerade nicht der Name der bekannten Grabstätte ein, die wir besucht haben.“ „Das **Tadsch Mahal**“, antwortet Olga.
Olga fängt auf einmal an, zu kichern. „Weißt du noch, wie du bei einem Ausflug kopfüber vom Elefanten gepurzelt bist? Das ist passiert, als sich dieser niederkniete, um dir das Absteigen zu erleichtern.“

Ihr Mann hat in der Zwischenzeit bereits weitergeblättert. Er möchte lieber nicht mehr an diesen peinlichen Vorfall denken. Konzentriert schaut er auf ein Bild, auf dem das Wahrzeichen von Paris zu sehen ist, der **Eiffelturm**. Auf den anderen Fotos sind das bekannte Künstlerviertel **Montmartre** abgebildet, das berühmte Varietétheater **Moulin Rouge** und das allseits bekannte Museum, in dem man die Mona Lisa bewundern kann, den **Louvre**. Olga und Martin denken auch wieder an ihre Lichterfahrt auf der Seine, von der man einen grandiosen Blick auf das nächtlich erleuchtete Paris hat.

Auf den nächsten Seiten wecken die Bilder Erinnerungen an ihren Urlaub in Österreich. Damals haben sie auch die sogenannte „Perle Tirols“ besucht, das Städtchen Kufstein. „Schau mal, Martin, hier sind wir in

Innsbruck. Du hast mich vor dem bekannten spätgotischen Prunkerker fotografiert, dem **Goldenen Dachl**." Olga stupst ihren Mann an und zeigt ihm das Bild.

„Und ich stehe hier vor dem Geburtshaus Mozarts in Salzburg", erwidert Martin und deutet ebenfalls auf ein Foto. Dabei denkt er auch an die leckeren Mozartkugeln, die er in Salzburg reichlich genascht hat.
„Zu schade, dass die Batterien unseres Fotoapparates an diesem Tag ihren Geist aufgegeben haben", meint Olga, „wir konnten kein Foto von der Burg machen, der Festung **Hohensalzburg**."
Die weiteren Fotos zeigen Sehenswürdigkeiten eines Abstechers, den Olga und Martin nach München gemacht haben. Zu sehen ist z. B. das **Hofbräuhaus**, die **Frauenkirche**, der **Englische Garten**, der **Viktualienmarkt** … *(hier können die Teilnehmer Sehenswürdigkeiten frei aufzählen).*

Olga und Martin wechseln dann zum zweiten Fotoalbum über. Kängurus und Koalabären rufen nun Erinnerungen an ihren sechswöchigen Traumurlaub in Australien wach.
Das Wahrzeichen von Sydney, die **Oper** mit ihrem unverwechselbaren Dach, lässt die beiden an ein unvergessliches Konzerterlebnis denken. Natürlich durfte auch ein Ausflug zum größten Korallenriff der Erde, dem **Great Barrier Reef**, nicht fehlen. Seite für Seite blättern Olga und Martin weiter und erfreuen sich an den wunderschönen Naturaufnahmen aus Australien. Die letzten Fotos ihrer Reise zeigen einen roten Felsen, den **Ayers Rock**. Er ist ebenfalls ein Wahrzeichen von Australien und für die Ureinwohner des Kontinents ein heiliger Ort.

Plötzlich fängt Martins Magen laut an, zu knurren. Die beiden haben vor lauter Bilderanschauen die Zeit vergessen. Dass es schon spät genug zum Abendessen ist, das haben sie gar nicht bemerkt. Beim gemeinsamen Abendbrot überlegen sie, wohin die nächste Reise gehen könnte.

Gedächtnisübungen

1. Länder gesucht

Schreiben Sie das Wort „Urlaub“ an ein Flipchart oder eine Tafel. Die Teilnehmer suchen zu den vorgegebenen Anfangsbuchstaben Länder.

Beispiele:

U = Ungarn, Usbekistan, Uganda …

R = Rumänien, Russland, Ruanda …

L = Libanon, Lettland, Laos …

A = Algerien, Angola, Amerika …

U = Ukraine, Uruguay, USA …

B = Belgien, Bulgarien, Brasilien …

2. Wortveränderung

Schreiben Sie das Wort „Reise“ an ein Flipchart oder eine Tafel. Aufgabe der Teilnehmer ist es, durch das Austauschen eines Buchstabens an beliebiger Stelle ein neues Wort mit einem anderen Sinn zu bilden.

Beispiele: Reise – Rei**h**e – Rei**b**e – Rei**m**e – **K**eime –Kei**l**e – **W**eile …

3. Länderrätsel

Die Teilnehmer sollen anhand der nachfolgenden Umschreibungen herausfinden, welche Länder gesucht sind.

Beispiele:

a. Hier haben die Olympischen Spiele ihren Ursprung. = **Griechenland**

b. Von diesem Land ist Havanna die Hauptstadt. = **Kuba**

c. So heißt das zweitkleinste Land der EU. = **Luxemburg**

d. Zu diesem Land gehört der Wintersportort Lillehammer. = **Norwegen**

Eine Städtereise nach Rom

Die folgende **Knobelgeschichte (Verwechslungsgeschichte)** beinhaltet Sehenswürdigkeiten oder Speisen und Getränke, die verwechselt wurden. Die Geschichte ist so aufgebaut, dass Sie als Vorleser immer bis zu einer Sehenswürdigkeit oder bis zu den Speisen und Getränken lesen und so lange pausieren, bis Ihre Teilnehmer den korrekten Begriff genannt haben. Die korrekten Begriffe sind für Sie als Vorleser zur schnelleren Erkennbarkeit farbig hervorgehoben.

Lesen Sie die Geschichte erneut langsam vor und stellen Sie Ihren Teilnehmern vorab – je nach Leistungsfähigkeit – eine oder mehrere der folgenden Aufgaben:

- Merken Sie sich, wer eine Städtereise nach Rom unternimmt. *(Gitte und Dieter)*
- Merken Sie sich den Anlass der Reise. *(40. Hochzeitstag)*
- Merken Sie sich, welche Sehenswürdigkeiten Gitte und Dieter besichtigen. *(Petersplatz, Petersdom, Sixtinische Kapelle, Vatikanische Museen, Trevi-Brunnen, Kolosseum, Forum Romanum, Spanische Treppe)*
- Merken Sie sich, welche Speisen und Getränke in der Geschichte vorkommen. *(Pizza Napoli, Spaghetti Carbonara, Lambrusco, Wasser, Espresso, Cappuccino, Champagner)*

Eine Städtereise nach Rom

Gitte und Dieter wollen ihren 40. Hochzeitstag in Rom verbringen. Die beiden freuen sich seit Wochen auf die Städtereise.
Wie üblich, plant Dieter mit dem Reiseführer bereits von zu Hause, was sie alles besichtigen wollen. Und so studiert er voller Eifer und ganz akribisch die vielen möglichen Sehenswürdigkeiten, für die Rom bekannt ist.

Schon früh am Morgen ihres ersten Tages machen sich die beiden Romreisenden auf zum Markusplatz **(Petersplatz)**, der vor der Peterskirche **(dem Petersdom)** angelegt wurde. Gitte findet alles sehr beeindruckend und kommt aus dem Staunen gar nicht mehr raus.
„Komm, lass uns die Viktorianische Kapelle **(Sixtinische Kapelle)** besichtigen“, meint Dieter, dem es in der Sonne allmählich zu warm wird. „Ich möchte mir unbedingt die berühmte Deckenmalerei von van Gogh **(Michelangelo)** anschauen.“ „Schade, dass der Papst nicht zu sehen ist“, seufzt Gitte, „vielleicht hätte ich mir ein Autogramm von ihm holen können.“ Enttäuscht folgt sie ihrem Mann, der bereits ungeduldig auf sie wartet. Da der Eintritt in die Sixtinische Kapelle nur über die florentinischen Museen **(vatikanischen Museen)** möglich ist, zieht sich die Besichtigung über einen längeren Zeitraum hin.

Gitte und Dieter fühlen sich von den ganzen Kunstschätzen, die sie gesehen haben, müde und erschöpft. Als dann noch ihr Magen zu knurren beginnt, beschließen sie, im Stadtzentrum eine Kleinigkeit zu essen. In einer urigen Pizzeria bestellt sich Dieter eine Pizza Fabuli **(Pizza Napoli)** und Gitte Spaghetti Carabinieri **(Spaghetti Carbonara)**. Dazu wählen sie ein Glas Sambrusco **(Lambrusco)** und eine kleine Flasche Wasser. Nach dem Essen trinkt Dieter einen typisch italienischen Expretto **(Espresso)** und Gitte einen Kapuziner **(Cappuccino)**.

Frisch gestärkt, setzen die zwei ihre Besichtigungstour fort. Ihr Weg führt sie zum bekannten Levi-Brunnen **(Trevi-Brunnen)**. Gitte lässt es sich nicht nehmen, eine Münze hineinzuwerfen. „So ein Quatsch", hört sie ihren Mann murmeln. Doch Gitte grinst ihn nur unbeeindruckt an und wirft ein weiteres Geldstück in den Brunnen.

Am zweiten Urlaubstag möchte Dieter zuerst zum größten Amphitheater der Welt, dem Palloseum **(Kolosseum)**. Von dort soll es dann direkt zu einer der wichtigsten Ausgrabungsstätten des antiken Roms, dem Auditorium Romanum **(Forum Romanum)** weitergehen. Gitte ist froh, dass sich die Sehenswürdigkeiten so gut mit öffentlichen Verkehrsmitteln erreichen lassen. Trotzdem fällt sie abends ziemlich müde ins Bett und schläft wie ein Murmeltier bis zum anderen Morgen. Sie hört noch nicht einmal, wie sonst, ihren Mann schnarchen.

Den letzten Tag ihrer Romreise, der gleichzeitig auch ihr 40. Hochzeitstag ist, wollen Gitte und Dieter gemütlich ausklingen lassen.
Als einzige Sehenswürdigkeit besichtigen sie die Toskanische Treppe **(Spanische Treppe)**. Sie gilt als beliebter Treffpunkt für Touristen und zählt zu den bekanntesten Freitreppen der Welt.
Gitte lässt es sich nicht nehmen, die insgesamt 138 Stufen zu erklimmen. Dieter kommt lange nach ihr und völlig außer Atem oben an.
„Vor 40 Jahren hättest du nicht so geschnauft", neckt ihn Gitte. Dieter grinst und meint achselzuckend: „Da war ich ja entsprechend jünger."

Viel zu schnell neigt sich auch dieser Tag dem Ende entgegen.
Doch am Abend wird selbstverständlich noch der 40. Hochzeitstag gebührend in einer schönen Prattoria **(Trattoria)** bei Kerzenschein, gutem Essen und einer Flasche Champagner gefeiert.

Gedächtnisübungen

1. Italienische Städte gesucht

Die Teilnehmer suchen nach bekannten italienischen Städten.

Beispiele: Florenz, Pisa, Neapel, Mailand, Venedig, Turin, Genua …

Tipp: Zusätzlich können die Teilnehmer überlegen, welche Sehenswürdigkeiten in den genannten Städten zu besichtigen sind.

2. Bekannte Persönlichkeiten Italiens gesucht

Die Teilnehmer suchen nach bekannten Persönlichkeiten Italiens.

Beispiele: Enrico Caruso, Marco Polo, Sophia Loren, Leonardo da Vinci …

Tipp: Die Teilnehmer können sich auch Gemeinsamkeiten zwischen den Personen überlegen. Handelt es sich z. B. um Schauspieler, Musiker …?

3. Städte und Länder mit Vornamen

In den Namen vieler Länder und Städte kommen Vornamen vor, wie z. B. Frank in **Frank**furt. Schreiben Sie an ein Flipchart oder eine Tafel nachfolgende Beispiele. Die Teilnehmer ergänzen die Namen.

Beispiele:

a. .... sburg = **Peter**sburg
b. .... ndria = **Alexa**ndria
c. .... sheim = **Hilde**sheim
d. .... ien = **Georg**ien
e. .... shaven = **Wilhelm**shaven
f. .... reich = **Frank**reich
g. Ch .... = Ch**ina**
h. Delmen .... = Delmen**horst**
i. .... stadt = **Friedrich**stadt
k. Däne .... = Däne**mark**

Die Reise zum Weihnachtsmann

Die folgende **Knobelgeschichte (Verwechslungsgeschichte)** beinhaltet Sprichwörter und Redewendungen, in denen Wörter verwechselt wurden. Die Geschichte ist so aufgebaut, dass die Teilnehmer die korrekten, vollständigen Redewendungen bzw. Sprichwörter nennen sollen. Die korrekten Sprichwörter und Redewendungen sind für Sie als Vorleser zur schnelleren Erkennbarkeit farbig und in Klammern hervorgehoben. Bevor Sie mit dem Vorlesen der Geschichte beginnen, geben Sie Ihren Teilnehmern ein paar Beispiele von inkorrekten und korrekten Redewendungen und Sprichwörtern (Blüten ausreißen können – Bäume ausreißen können, Elefanten nach Athen tragen – Eulen nach Athen tragen). Lesen Sie dann die Geschichte langsam vor.

Lesen Sie die Geschichte mit den korrekten Sprichwörtern und Redewendungen erneut langsam vor und stellen Sie Ihren Teilnehmern vorab – je nach Leistungsfähigkeit – eine oder mehrere der folgenden Aufgaben:

- Merken Sie sich, in welchem Land der Weihnachtsmann wohnt. *(Finnland)*
- Merken Sie sich, welche Personen in der Geschichte vorkommen. *(Oma Annette, Enkeltochter Mathilde, Herr Björck, der Weihnachtsmann)*
- Merken Sie sich, womit die Häuser im Weihnachtsdorf geschmückt sind. *(mit Lichterketten und kleinen, bunten Kugeln)*

Die Reise zum Weihnachtsmann

Oma Annette hat aus Spaß zu ihrer Enkelin Mathilde gesagt, dass sie gern den Weihnachtsmann besuchen würde.
Also hat Mathilde alle Glocken in Bewegung gesetzt **(alle Hebel in Bewegung gesetzt)**, um herauszufinden, ob ein Reiseveranstalter eine „Reise zum Weihnachtsmann" anbietet. Und tatsächlich kann man so eine Reise buchen.

Freudestrahlend berichtet Mathilde Oma Annette, dass die beiden zum Weihnachtsmann nach Finnland fahren. Oma Annette klopft auf Glas **(klopft auf Holz)** und hofft, dass es in Finnland beim Weihnachtsmann nicht zu kalt wird. Denn eine alte Kastanie verpflanzt man nicht **(einen alten Baum verpflanzt man nicht)** so leicht.

Zwei Wochen später fliegen Oma Annette und Mathilde mit einem recht kleinen Flugzeug nach Finnland.

Am Flughafen werden sie von Herrn Björck, ihrem Reisebegleiter, mit dem Auto abgeholt. Auf der Fahrt zum Hotel sehen sie, dass überall hoher Schnee liegt. Er glitzert wunderschön. Am Hotel angekommen, erklärt Herr Björck, dass er sie in einer Stunde mit einem Schlitten wieder abholen wird. Sie sollen die im Zimmer bereitgelegte Thermokleidung anziehen, damit ihnen später nicht kalt ist. Oma Annette lacht und denkt: „Kaninchen, friss oder stirb" **(Vogel, friss oder stirb)**.

Die Stunde geht schnell vorbei und voller Freude steigen Oma Annette und Mathilde in einen festlich dekorierten Schlitten, den zwei Rentiere ziehen.

Sie fahren eine ganze Weile durch unberührte Natur. Mathilde sagt zu Oma Annette: „Hier sagen sich bestimmt Wolf und Schaf gute Nacht" **(hier sagen sich bestimmt Fuchs und Hase gute Nacht)**. Beide lachen.

Dann kommen sie im Weihnachtsdorf an. Herr Björck hilft ihnen aus dem Schlitten. Im Weihnachtsdorf strahlt und glitzert alles in den schönsten Farben. Die Häuser sind mit Lichterketten geschmückt und kleinen, bunten Kugeln. Aber ein Haus ist nicht aus dem gleichen Metall gegossen **(aus dem gleichen Holz geschnitzt)**. Es strahlt heller und herrlicher als alle anderen Häuser. Herr Björck erklärt, dass das das Haus vom Weihnachtsmann ist.

Oma Annette und Mathilde sind ganz aufgeregt. Sie zittern wie Pappellaub **(zittern wie Espenlaub)**. Voller Freude betreten Sie das Haus und da steht er auch schon, der Weihnachtsmann. Oma Annette nimmt keine Weihnachtskugel vor den Mund **(nimmt kein Blatt vor den Mund)** und meint, dass sie sich das alles viel kitschiger vorgestellt habe. Jetzt ist sie beeindruckt. Mathilde sagt gar nichts und verhält sich scheu wie eine Maus **(scheu wie ein Reh)**.
Der Weihnachtsmann lacht laut auf und erklärt, dass die beiden ihm unbedingt ihre Wünsche erzählen müssen. Dann geht es für Oma Annette und Mathilde wieder zurück zum Hotel.

Am nächsten Morgen geht leider auch schon wieder ihr Flug nach Deutschland. Es war bedauerlicherweise nur eine sehr kurze Reise nach Finnland.

Am Flughafen in Deutschland werden sie von der ganzen Familie empfangen. „Ihr seid auf dem Steinweg **(seid auf dem Holzweg)**, wenn ihr meint, den Weihnachtsmann gibt es nicht!“, rufen Oma Annette und Mathilde lachend wie aus zwei Mündern **(wie aus einem Mund)**.

Gedächtnisübungen

1. Figuren

Die Teilnehmer nennen Fantasiefiguren, Märchenfiguren oder Symbolfiguren. Falls eine Figur den anderen Teilnehmern nicht bekannt sein sollte, bitten Sie den Teilnehmer, eine Beschreibung zu geben.

Beispiele: Osterhase, Nikolaus, Mickey Mouse, Schneewittchen, Rapunzel, Harry Potter, Supermann, Peter Pan …

2. Weihnachtsmannanstecker

Schreiben Sie das Wort „Weihnachtsmannanstecker" an ein Flipchart oder eine Tafel. Aufgabe der Teilnehmer ist es, so viele Wörter wie möglich aus den vorhandenen Buchstaben zu bilden.

Beispiele: Mann, Stecker, Ananas, Ecke, Streich, Heimat, Heim, Hans …

3. Christbaumkugeln

Fordern Sie Ihre Teilnehmer auf, die Anzahl der Christbaumkugeln in einem Karton zu berechnen, indem sie ihnen folgende Aufgaben stellen:

Beispiele:

a. Helga legt 13 Kugeln in den Karton, dann zwei weitere. Eine Kugel zerbricht und sie nimmt die Scherben heraus. Auf dem Regal liegen noch drei kleine Kugeln, die sie auch in den Karton packt.
Wie viele Kugeln befinden sich im Karton? *(17 Kugeln)*

b. Franz legt acht Kugeln in den Karton, Holger fünf Kugeln und Silvia zwölf Kugeln. Hilde nimmt drei Kugeln wieder heraus.
Wie viele Kugeln befinden sich im Karton? *(22 Kugeln)*

Wahrnehmungs-geschichten

Durch gedankliches Sehen, Riechen, Tasten, Hören und Schmecken trainieren und schärfen Sie mit diesen Geschichten die **Wahrnehmung**. Denn durch sie nehmen wir nicht nur unsere Umwelt bewusst wahr, sondern stoßen häufig auch Erinnerungen an.
Sie werden überrascht sein, wie sich durch regelmäßiges Üben die Wahrnehmung verstärken kann.
Lehnen Sie sich zurück, entspannen Sie sich und begeben sich mit den Geschichten dieses Kapitels auf faszinierende Sinnesreisen.

Juist ist eine Reise wert

Bei der folgenden **Wahrnehmungsgeschichte** sollen die Teilnehmer gedanklich riechen, schmecken, hören, fühlen und sehen. Lesen Sie die Geschichte so langsam vor, dass die Teilnehmer genügend Zeit haben, die Sinneswahrnehmungen zu erfassen.

Lesen Sie die Geschichte erneut langsam vor und stellen Sie Ihren Teilnehmern vorab – je nach Leistungsfähigkeit – eine oder mehrere der folgenden Aufgaben:

- Merken Sie sich, wieso Paul nach Juist reist. *(Hauptgewinn eines Gewinnspiels)*
- Merken Sie sich, welche Personen in der Geschichte vorkommen. *(Paul; Franz, der Gepäckträger; Heinz, der zertifizierte Wattführer)*
- Merken Sie sich, wann die Bäume in dem Wäldchen gepflanzt wurden. *(in den 1920er-Jahren)*
- Merken Sie sich, wie viele Wattwürmer und Wattschnecken es auf einem Quadratmeter Watt gibt. *(bis zu 100 Wattwürmer, bis zu 100 000 Wattschnecken)*

© fotandy – stock.adobe.com

Juist ist eine Reise wert

Vor einem Monat hat Paul beim Einkaufen an einem Gewinnspiel teilgenommen. Er hat nur mit einem Ohr zugehört, als es um den Hauptpreis ging. Tatsächlich hat er diesen nun aber gewonnen: Der Preis ist eine Reise nach Juist, einer Insel in der Nordsee.

Gerade ist Paul am Hafen von Juist angekommen und steht mit seinem Gepäck mitten im Getümmel der Neuankömmlinge …
„Töwerland", das Zauberland, nennen die Insulaner liebevoll ihre Insel. Sie ist eine autofreie Insel und das merkt man sofort an der wunderbaren Luft … Franz, der Gepäckträger, nimmt Pauls Koffer und lädt ihn auf einen Pferdewagen. Paul steigt vorne zu Franz auf den Kutschbock und schon geht es los …
Der kühle Fahrtwind streicht durch Pauls Gesicht … Die Pferdehufe klappern im Rhythmus auf dem Asphalt … Die Luft riecht und schmeckt nach Meer … Paul fühlt sich plötzlich ganz leicht …

In seiner Pension angekommen, bezieht er schnell sein helles Zimmer. Dann muss er sich aber schon sputen, denn für Paul ist eine Wattwanderung mit Heinz, einem zertifizierten Wattführer, geplant.

Am Watt soll Paul erst einmal seine Schuhe und Strümpfe ausziehen. Heinz rät ihm, außerdem seine Hose hochzukrempeln. Dann geht es barfuß ins Wattenmeer.
Der Untergrund fühlt sich an den Füßen angenehm kühl an … Der schwarze Schlick quetscht sich durch ihre Zehen … Nach einigen Schritten merkt Paul, dass seine Fußsohlen durch den in kleinen Wellen geformten Boden herrlich massiert werden … Zwischendurch tritt er immer wieder auf kleine Sandhäufchen, die wie Sahnehäubchen geformt sind. Heinz erklärt Paul, dass das Hinterlassenschaften von Wattwürmern sind,

die im sandigen Untergrund leben. Ein angenehm frischer Wind streicht ihnen über ihre Körper ... Es riecht nach salziger Meeresluft ... Paul atmet ganz tief ein ... Welch eine Wohltat für die Lungen ...

Paul und Heinz genießen es, eine Weile schweigend ins Watt hinauszugehen ... Heinz ermahnt Paul, nie allein weit ins Wattenmeer zu laufen, denn die Flut hat schon viele Menschen dabei überrascht. Zwischendurch erwähnt Heinz noch interessante Fakten zum Wattenmeer.
Auf einem Quadratmeter Watt gibt es bis zu 100 Wattwürmer und bis zu 100 000 Wattschnecken.

Nach dieser herrlichen Wanderung macht sich Paul auf den Weg zurück zu seiner Pension. Er beschließt, noch einen Spaziergang durch ein kleines Wäldchen zu machen.
Da Juist dem ständigen Wind ausgesetzt und dazu noch eine schmale und sehr lang gesteckte Insel ist, gibt es auf ihr keinen großen Baumbestand. Dieses Wäldchen ist daher etwas Besonderes. Es wurde in den 1920er-Jahren mit windharten Pflanzen erschaffen. Die Bäume wirken durch ihren knorrigen Wuchs wie aus einem Märchen ... Der starke Wind hat diesen eigenartigen Baumwuchs entstehen lassen.
Paul schaut sich die Rinde der Bäume an und sieht kleine, grüne und graue Schuppen ... Es handelt sich um Flechten, die sich nur dort ansiedeln können, wo die Luft sehr sauber ist.

Paul bleibt einen Moment stehen ... Er hört verschiedene Vogelarten zwitschern ... Dazwischen ertönt das Geschrei von Möwen ...
Er schmunzelt und denkt, dass es schon witzig ist, im Wald zu stehen und Möwen zu hören.
Was hat er doch für ein Glück, einen so schönen Tag zu erleben.

Gedächtnisübungen

1. Wortfindung

Schreiben Sie „Juist" senkrecht an ein Flipchart oder an eine Tafel. Aufgabe der Teilnehmer ist es, zu jedem Buchstaben Reiseziele zu finden.

Beispiel:

J = Jordanien, Jamaika …

U = Ungarn, Uruguay …

I = Indien, Indonesien …

S = Spanien, Südafrika …

T = Türkei, Tunesien …

2. Lieder mit Ländern oder Städten

Fordern Sie Ihre Teilnehmer auf, Lieder zu nennen, in denen Städtenamen oder Länder vorkommen:

Beispiele: „Mer losse d'r Dom en **Kölle**", „Es gibt kein Bier auf **Hawaii**", „In **München** steht ein Hofbräuhaus", „Weiße Rosen aus **Athen**" …

3. Kofferpacken

Fordern Sie Ihre Teilnehmer reihum auf, Gegenstände in einen imaginären Koffer zu packen. Es soll auch erklärt werden, wofür dieser Gegenstand im Urlaub gebraucht wird, wie z. B.: „Ich nehme eine wasserfeste Taschenlampe mit, die ich zum Nachttauchen benutzen werde."
Je nach Leistungsfähigkeit der Gruppe kann jeder Teilnehmer einen Gegenstand wieder aus dem Koffer herausnehmen und sagen, wofür er gebraucht wurde. Bei ganz fitten Gruppen kann auch der Name der Person genannt werden, die diesen Gegenstand eingepackt hat.

Ein Urlaubstag im „Garten der Sinne"

Bei der folgenden **Wahrnehmungsgeschichte** sollen die Teilnehmer gedanklich riechen, schmecken, hören, fühlen und sehen. Lesen Sie die Geschichte so langsam vor, dass die Teilnehmer genügend Zeit haben, die Sinneswahrnehmungen zu erfassen.

Lesen Sie die Geschichte erneut langsam vor und stellen Sie Ihren Teilnehmern vorab – je nach Leistungsfähigkeit – eine oder mehrere der folgenden Aufgaben:

- Merken Sie sich, wo Elke und Heinz ihren Urlaub verbringen.
  (im Saarland)
- Merken Sie sich, warum Heinz seine Schuhe und Strümpfe auszieht.
  (um durch einen Wasserlauf zu waten)
- Merken Sie sich, welche Sehenswürdigkeiten die beiden besichtigen.
  (Cloef mit Blick zur Saarschleife, Weltkulturerbe Völklinger Hütte, Garten der Sinne)
- Merken Sie sich, was Elke und Heinz im Garten der Sinne besichtigen.
  (Rosengarten, Klanggarten, Kiesgarten, Tastgarten)

Ein Urlaubstag im „Garten der Sinne"

Elke und Heinz genießen seit einer Woche ihren Urlaub im Saarland. Vom Aussichtspunkt Cloef haben sich die beiden die Saarschleife, das Wahrzeichen des Saarlandes angeschaut. Und auch der Besuch des Weltkulturerbes Völklinger Hütte durfte natürlich im Besichtigungsprogramm nicht fehlen.
Heute ist ihr letzter Urlaubstag. Elke und Heinz beschließen, ihren Urlaub mit einem Besuch im Garten der Sinne abzurunden.
Ihr erstes Ziel ist der Rosengarten ...

Schon von Weitem nehmen die zwei einen angenehm zarten Rosenduft wahr ... Die Vielfalt der Rosen mit ihren unterschiedlichen Farben ist wunderbar anzusehen ... Auf einer kleinen Bank ruhend, direkt unter einer wunderschönen Rosenlaube, lassen Elke und Heinz die Rosendüfte auf sich einströmen ...

Nach kurzer Zeit setzen sie ihren Weg durch den Garten fort. Heinz steuert geradewegs auf den Klanggarten zu. Einige Klangobjekte werden vom Wind bewegt, sodass unterschiedliche Töne zu hören sind ... Während Heinz stillschweigend lauscht ... setzt Elke zwei große Klangobjekte in Bewegung. Dabei kann sie ein leichtes Vibrieren in ihrem Körper spüren ...
Wohin das Auge reicht, überall hat der Garten etwas für die Sinne seiner Besucher zu bieten ... Die Farbkombinationen der unterschiedlichen Themengärten sind eine wahre Augenweide ... von den vielfältigen Düften ganz zu schweigen ...

Am Kiesgarten angekommen, bewundern Elke und Heinz die unzähligen Pflanzenraritäten ... Ihre Formen, Größen und Farben sind teilweise bizarr anzusehen ...

Einem Wasserlauf folgend, setzen Elke und Heinz ihren Spaziergang durch den Garten der Sinne fort … Heinz zieht unvermittelt seine Schuhe und Strümpfe aus und watet mit verschmitztem Lächeln durch das Wasser … Die angenehme Kühle wirkt erfrischend und tut so richtig gut …

Als Heinz aus dem Wasser steigt, läuft er über den schönen, grünen Rasen und lässt seine Füße von der Sonne trocknen … Dabei kitzeln ihn einige Grashalme unter seinen Füßen …, sodass er leise vor sich hin kichern muss …
Zwei andere Besucher haben sich von Heinz inspirieren lassen und sind ebenfalls durch das kühlende Wasser gewatet … Auch sie laufen auf der Wiese herum und genießen die wärmenden Sonnenstrahlen auf ihren Füßen …

Zum Abschluss besuchen Elke und Heinz noch den Tastgarten …
Hier dürfen die Pflanzen nach Herzenslust berührt werden. Einige Pflanzen fühlen sich zart und weich an … andere samtig oder rau … und wiederum andere stachelig und pickelig …
Elke zerreibt einige Blätter zwischen ihren Fingern und nimmt unterschiedliche Gerüche wahr: süß, würzig, stechend oder dezent …
Ehe die beiden den Garten der Sinne verlassen, trinken sie im Café einen Eiskaffee … essen ein Stück Käsekuchen dazu … und kaufen sich im Shop ein Rosenstämmchen für ihren Balkon.

Auf dem Weg zu ihrem Hotel sind sich Elke und Heinz einig, dass der Besuch im Garten der Sinne ihren letzten Urlaubstag abgerundet hat. Im nächsten Jahr wollen sie wiederkommen, denn bis dahin hat der Garten zwei neue Bereiche, einen Barfußpfad und ein Labyrinth. Und all das möchten Elke und Heinz dann unbedingt ausprobieren.

Gedächtnisübungen

1. Themenwörter gesucht

Schreiben Sie das Wort „Garten“ senkrecht an ein Flipchart oder eine Tafel. Die Teilnehmer sollen zu den Buchstaben des vorgegebenen Wortes Begriffe suchen, die sie gedanklich mit einem Garten verbinden.

Beispiel:

G = gießen, Gemüsebeet, Gladiolen …
A = Astern, Ameisen, Apfelbaum …
R = Rondell, Rosen, Rechen …
T = Tulpen, Tomaten, Tau …
E = Eisheilige, ernten, einkochen …
N = Natur, Nutzfläche, Narzissen …

2. Vokale ergänzen – Städte im Saarland gesucht

Schreiben Sie die Lückenwörter an ein Flipchart oder eine Tafel. Die Teilnehmer sollen herausfinden, welche saarländischen Städte gesucht sind. Hierzu werden Vokale und Umlaute (a–e–i–o–u–ä–ö–ü) ergänzt.

Beispiele:

a. S_ _rl_ _ _s = Saarlouis
b. S_ _rbr_ ck_n = Saarbrücken
c. N_ _nk_rch_n = Neunkirchen
d. S_nkt W_nd_l = Sankt Wendel
e. M_rz_g = Merzig
f. Bl_ _sk_st_l = Blieskastel
g. _ttw_ _ l _ r = Ottweiler
h. V_lkl_ng_n = Völklingen

3. Fantasiesätze

Die Teilnehmer bilden aus den Buchstaben von „Garten der Sinne“ Sätze.

Beispiel: GARTEN = **G**erda **a**us **R**egensburg **t**rainiert **e**in **N**ashorn …

Auf den Spuren von Pfarrer Kneipp

Bei der folgenden **Wahrnehmungsgeschichte** sollen die Teilnehmer gedanklich riechen, schmecken, hören, fühlen und sehen. Lesen Sie die Geschichte so langsam vor, dass die Teilnehmer genügend Zeit haben, die Sinneswahrnehmungen zu erfassen.

Lesen Sie die Geschichte erneut langsam vor und stellen Sie Ihren Teilnehmern vorab – je nach Leistungsfähigkeit – eine oder mehrere der folgenden Aufgaben:

- Merken Sie sich, wen Bernd und Maria in Bad Wörishofen besuchen. *(ihre Freunde Gisela und Jürgen)*
- Merken Sie sich, was Bernd und Maria im Ostpark machen. *(Wassertreten und anschließend auf der Wiese umherlaufen, um die Füße trocken werden zu lassen)*
- Merken Sie sich, welche Eissorten sich die beiden kaufen. *(Maria zwei Kugeln Joghurteis, Bernd je eine Kugel Zitronen- und Erdbeereis)*
- Merken Sie sich, welche Kräuter befühlt und beschnuppert werden. *(Salbei, Zitronenmelisse, Rosmarin, Pfefferminze)*
- Merken Sie sich, aus welchen Materialien der Barfußpfad besteht. *(Zapfen, Steine, Holz, Sand, Wasser im Bach und Schlamm)*

Auf den Spuren von Pfarrer Kneipp

Einmal im Jahr fahren Bernd und Maria nach Bad Wörishofen, um ihre Freunde Gisela und Jürgen zu besuchen. Und ganz gleich, wo die beiden dann dort unterwegs sind, überall begegnen ihnen Bilder oder Büsten von Pfarrer Sebastian Kneipp, der auch als „Wasserdoktor" bekannt ist.

Ihr Weg in die Stadt führt Bernd und Maria am ersten Tag durch den Ostpark. Dort kommen sie an einem Wassertretbecken vorbei. Da beide wegen des schönen, warmen Wetters kurze Hosen tragen, beschließen sie, ganz im Sinne von Pfarrer Kneipp durchs Becken zu gehen.
„Ganz schön kalt", murmelt Bernd, während sie im „Storchengang" im kalten Wasser waten ... Maria muss über Bernds wenig erfreuten Gesichtsausdruck lachen und neckt ihn deswegen. Doch als er die Gänsehaut an ihren Armen bemerkt, verkneift er sich eine Erwiderung und grinst nur augenzwinkernd zurück ...
Nach zwei Runden steigen sie aus dem Tretbecken und lassen ihre Füße beim Umherlaufen in der Wiese trocknen ... Das Gras kitzelt unter den Fußsohlen und Maria fängt an, zu kichern ...

Schmunzelnd und gut gelaunt, setzen die beiden ihren Weg fort und gelangen durch die Fußgängerzone zum Kurhaus. Im Musikpavillon spielt gerade das Kurorchester zum Kurkonzert auf ... Bernd und Maria setzen sich auf eine der weißen Bänke ... und hören den Klängen des Orchesters zu ... Nach einiger Zeit beschließen sie jedoch, weiterzugehen. Die Fußgängerzone ist recht belebt und mit ihren vielen farbenfroh angelegten Blumenbeeten eine wahre Augenweide ...

An einer Eisdiele kaufen sich Bernd und Maria ein Eis. Maria wählt zwei Kugeln Joghurteis, während sich Bernd für je eine Kugel Zitronen- und Erdbeereis entscheidet. Gemütlich ihr Eis schleckend ... schlendern sie zu der Wohnung ihrer Freunde zurück und verzichten darauf, für die Strecke den Bus zu nehmen. Denn Bewegung tut bekanntlich nicht nur gut, sie gehört auch zu Pfarrer Kneipps Lehren.

Am nächsten Tag besuchen Bernd und Maria zusammen mit Gisela und Jürgen den Kurpark. Die vier steuern geradewegs auf die drei Heilkräutergärten zu … Hier darf mit allen Sinnen nach Herzenslust genossen werden, sogar berühren und kosten ist erlaubt …
Maria streicht im Heilkräutergarten über samtige Salbeiblätter … und zerreibt ein kleines Blatt zwischen ihren Fingern … Sofort breitet sich der typische und sehr aromatische Salbeiduft aus … Gisela probiert von der Zitronenmelisse … Bernd riecht am würzigen Rosmarin … und Jürgen schnuppert an der Pfefferminze … Ja, Pfarrer Kneipp wusste schon zu seiner Zeit, dass gegen jedes Wehwehchen ein Kraut gewachsen ist.

Anschließend geht es zum Barfußpfad. Ein 1 550 Meter langer Rundweg aus unterschiedlichen Materialien, wie Zapfen, Steinen, Holz, Sand, Wasser im Bach und Schlamm wartet darauf, begangen zu werden. Die Zapfen piken ein wenig unter den Füßen … das Holz ist dafür angenehm und warm …
Die kleinen Steine fühlen sich teilweise spitz an … die dicken, runden Steine dagegen fest und hart … Und dann passiert es … Jürgen, der bereits durch den Schlamm watet, kommt ins Straucheln und landet auf seinem Hosenboden mitten im Schlamm … Als er sich aufgerappelt hat, schaut er in die lachenden Gesichter von Gisela, Bernd und Maria.

„Ihr habt gut lachen“, ruft er ihnen zu. „Doch wie heißt es so schön? Wer den Schaden hat –“, „braucht für den Spott nicht zu sorgen“ vollenden die anderen drei grinsend den Satz …

Gedächtnisübungen

1. Kräuter- und Heilpflanzen gesucht

Die Teilnehmer nennen reihum Kräuter- oder Heilpflanzen.

Beispiele: Fenchel, Arnika, Frauenmantel, Augentrost, Thymian …

Tipp: Fragen Sie die Teilnehmer nach alten Hausmitteln gegen diverse Erkrankungen und lassen Sie die Teilnehmer von ihren Erfahrungen berichten.

2. Sinnesübung: Fühlen

Wählen Sie unterschiedliche Materialien zum Fühlen, wie z. B. Watte, Schmirgelpapier, Schwamm, Feder, Wolle, Gummihandschuh oder Leder. Bitten Sie die Teilnehmer, die Augen zu schließen und Ihnen den Handrücken oder Unterarm hinzuhalten. Nehmen Sie den ersten Gegenstand und streichen Sie damit reihum über die Haut Ihrer Teilnehmer. Wenn Sie die Runde beendet haben, dürfen die Teilnehmer ihre Augen wieder öffnen. Diese sollen nun berichten, was sie gespürt haben, wie es sich angefühlt hat, und raten, um welchen Gegenstand es sich handelt.

3. Assoziieren

Die Teilnehmer sollen Gedankenverbindungen zu unterschiedlichen Eigenschaftswörtern herstellen.

Beispiele:

a. Was kann alles heiß sein? *(Kaffee, Sahara, Motor …)*
b. Was kann alles eckig sein? *(Tisch, Stuhlbein, Heft …)*
c. Was kann alles süß sein? *(Schokolade, Baby, Eis …)*
d. Was kann alles rot sein? *(Tomate, Rose, Haare …)*

Fahrradtour entlang der Mosel

Bei der folgenden **Wahrnehmungsgeschichte** sollen die Teilnehmer gedanklich riechen, schmecken, hören, fühlen und sehen. Lesen Sie die Geschichte so langsam vor, dass die Teilnehmer genügend Zeit haben, die Sinneswahrnehmungen zu erfassen.

Lesen Sie die Geschichte erneut langsam vor und stellen Sie Ihren Teilnehmern vorab – je nach Leistungsfähigkeit – eine oder mehrere der folgenden Aufgaben:

- Merken Sie sich, wer sich neue Elektrofahrräder gekauft hat. *(Joachim und Lilli)*
- Merken Sie sich, wie lang die Strecke ist, die Joachim für die erste Tour ausgesucht hat. *(31 Kilometer)*
- Merken Sie sich, wo die Fahrradtour startet und wo sie endet. *(von der Moselbrücke in Bullay geht es nach Cochem)*
- Merken Sie sich, wie die Burg in Alf heißt. *(Burg Arras)*
- Merken Sie sich den Namen des steilsten Weinberges Europas. *(Calmont)*
- Merken Sie sich, welche Blumen in der Geschichte vorkommen. *(rote und weiße Geranien, Jasmin, Kletterrosen)*

Fahrradtour entlang der Mosel

Joachim und Lilli sind begeisterte Fahrradfahrer und haben sich vor Kurzem neue Elektrofahrräder gekauft. Nachdem sie sich mit diesen vertraut gemacht haben, wollen sie nun Fahrradtouren an der Mosel machen. Damit sie sich nicht schon gleich am ersten Tag überanstrengen, hat Joachim eine 31 Kilometer lange Tour von Bullay nach Cochem ausgesucht.
Bei herrlichem Sonnenschein und strahlend blauem Himmel starten die zwei an der Moselbrücke in Bullay und fahren auf der linken Moselseite Richtung Alf …
Dort angekommen, fühlen sich Joachim und Lilli in die Vergangenheit zurückversetzt … Auf einem steilen Felsen hoch oben über dem Ort thront die Burg Arras … Von dieser aus bietet sich ihnen ein atemberaubender Panoramablick auf das Alftal und die Mosel. Auch auf den Ort mit seinen alten Fachwerkhäusern haben sie eine fabelhafte Aussicht …
Sie beschließen, bei einem Winzer in einer einladend aussehenden Straußwirtschaft einzukehren. Mit Wein und gutem Essen stärken sich Joachim und Lilli für die Weiterfahrt …

Ihr Weg führt sie zwischen Straße und Mosel entlang durch mehrere malerische, kleine Weinorte … Überall blühen rote und weiße Geranien an den Häusern … Ab und zu ist ein zarter Duft von Jasmin und Kletterrosen wahrzunehmen, die sich an den hübschen, weißen Fassaden der Fachwerkhäuser emporranken …
Vor den Weinkellern sitzen Touristen und lassen sich die bekömmlichen Rieslingweine schmecken …
Um die malerische Umgebung noch etwas länger genießen zu können, beschließen Lilli und Joachim, an einer Eisdiele haltzumachen.

Sie bestellen sich zwei Eisbecher mit frischen Erdbeeren und einer dicken Portion Sahne … „Die Kalorien werden wir gleich wieder abradeln“, meint Lilli und löffelt eifrig ihren Eisbecher leer. „Köstlich“, murmelt sie, „die Erdbeeren schmecken so süß und aromatisch, einfach himmlisch …“ Sie bezahlen noch die Rechnung, dann kann es mit der Radtour weitergehen.

Ihr Weg führt schon bald am steilsten Weinberg Europas, am Calmont, vorbei. Da sie vom Eis und Radeln durstig geworden sind, kehren sie in einem Gasthof ein. Hier werden sie sogar von verkleideten Römern bedient … Mit einer kalten Weinschorle stillen sie ihren Durst … und beschließen, mit der Fähre einen Abstecher nach Beilstein, auf die andere Uferseite, zu machen. Hübsch anzusehende Fachwerkhäuser … aber auch Häuser mit Bruchsteinfassaden und alte Pflastergassen laden zum Verweilen ein …
Auf ihrer Weiterfahrt durch die Weinberge kommen die zwei an einer Burgruine vorbei … „Nur gut, dass unsere neuen Fahrräder einen Elektroantrieb haben“, meint Joachim zu Lilli. „Wir hätten uns ansonsten ganz schön abstrampeln müssen“.
„Du hast Recht“, antwortet sie, „vom Muskelkater, den wir ganz bestimmt bekommen hätten, mal ganz abgesehen“.

Nun sind die beiden auch schon fast am Ziel, ihr Weg führt sie jetzt nach Cochem.
Wie bereits auf ihrer ganzen Tour, erwarten sie auch hier schöne Fachwerkhäuser und ein barockes Rathaus am Markt …
Da Joachim und Lilli mit dem Zug nach Bullay zurückfahren wollen, kehren sie in einem gemütlichen Weinkeller ein. Mit einer Weinprobe und in geselliger Runde mit anderen Gästen lassen sie ihre Fahrradtour für heute ausklingen … Mal sehen, wo es morgen hingeht.

Gedächtnisübungen

1. Wortsammlung

Die Teilnehmer überlegen, welche Arten von Fahrrädern es gibt.

Beispiele: Klapprad, Tandem, Mountainbike, Rennrad, Trekkingrad …

2. Flüsse und ihre Städte gesucht

Die Teilnehmer nennen reihum einen Fluss und eine Stadt an diesem.

Beispiele: Leine – Hannover, Pleiße – Leipzig, Rhein – Köln, Spree – Berlin, Isar – München, Elbe – Dresden, Themse – London …

Tipp: Fragen Sie die Teilnehmer nach Sehenswürdigkeiten oder Besonderheiten der genannten Städte. Hat schon jemand eine Bootsfahrt auf einem der genannten Flüsse gemacht? Was gab es zu sehen?

3. Fluss-Füllwörter

Schreiben Sie nachfolgende Übung an ein Flipchart oder eine Tafel. Die Teilnehmer suchen Wörter, die in die Mitte passen, sodass zwei neue, sinnvoll zusammengesetzte Wörter entstehen. Wenn es sprachlich erforderlich ist, dürfen Buchstaben hinzugefügt oder weggelassen werden.

Beispiele:	**Mögliche Lösungen:**		
Mosel (?) Bauer	Wein	→	Moselwein / Weinbauer
Rhein (?) Tour	Schiff	→	Rheinschiff / Schiffstour
Saar (?) Pfeiler	Brücken	→	Saarbrücken / Brückenpfeiler
Spree (?) Salat	Gurken	→	Spreegurken / Gurkensalat
Ruhr (?) Schutz	Gebiet	→	Ruhrgebiet / Gebietsschutz
Ems (?) Frau	Land	→	Emsland / Landfrau

Die wunderbare Toskana

Bei der folgenden **Wahrnehmungsgeschichte** sollen die Teilnehmer gedanklich riechen, schmecken, hören, fühlen und sehen. Lesen Sie die Geschichte so langsam vor, dass die Teilnehmer genügend Zeit haben, die Sinneswahrnehmungen zu erfassen.

Lesen Sie die Geschichte erneut langsam vor und stellen Sie Ihren Teilnehmern vorab – je nach Leistungsfähigkeit – eine oder mehrere der folgenden Aufgaben:

- Merken Sie sich, wo sich Dirk und Lieselotte kennengelernt haben. *(bei einem Vortrag über die Toskana)*
- Merken Sie sich, was in Siena stattfindet. *(das Palio de Siena, eines der härtesten Pferderennen der Welt)*
- Merken Sie sich, wo die Ferienwohnung von Dirk und Lieselotte liegt. *(Montepulciano)*
- Merken Sie sich, was es zum Abendbrot zu essen und trinken gibt. *(würzigen Parmaschinken, saftige Wildschweinwürstchen, verschiedene leicht gegrillte Gemüsesorten, weiße gebackene Bohnen mit Oregano, Pasta-Salat, goldgelbes Olivenöl, selbst gebackenes Brot, Meersalz, rubinroten Chianti, Cantuccini und gekühlten Vin Santo)*

Die wunderbare Toskana

Bei einem Vortrag über die Toskana haben Dirk und Lieselotte sich vor 20 Jahren kennengelernt. Sie sind beide ganz begeistert von der endlosen Weite, den sanften Hügeln und den gertenschlanken Zypressen, die, fein säuberlich aufgereiht, die Landstraßen in der Toskana schmücken … Dazwischen liegen die jahrhundertealten Städte mit ihren Kirchen, Türmen und kleinen, verwinkelten Gassen …

Auch dieses Jahr machen Dirk und Lieselotte wieder eine Reise in die Toskana. Die meisten Sehenswürdigkeiten kennen die beiden allerdings schon. So haben sie den gewaltigen Dom in Florenz schon oftmals gesehen und ebenso die vielen Türme in San Gimignano, die als Macht- und Statussymbole gebaut wurden. Das Palio de Siena, das als härtestes Pferderennen der Welt bezeichnet wird, ist ihnen auch vertraut.
Das Rennen findet auf dem Marktplatz von Siena statt und alles ist danach in Staub eingehüllt, auch die Zuschauer …
Diesmal wollen sich Dirk und Lieselotte lieber auf die Landschaft und das Essen und Trinken konzentrieren.

Am ersten Abend sitzen Dirk und Lieselotte auf der Terrasse ihrer Ferienwohnung in Montepulciano, einer mittelalterlichen Hügelstadt in der Toskana. Ihr Blick schweift über die sich scheinbar endlos dahinziehenden Weinberge … und am Horizont sehen sie, wie die Sonne langsam untergeht … Die Landschaft ist in ein wunderschönes, warmes Orange getaucht …

Auf dem Tisch vor ihnen stehen Leckereien, die Dirk und Lieselotte in einem kleinen Laden auf dem Weg zur Ferienwohnung gekauft haben. Es gibt würzigen Parmaschinken, saftige Wildschweinwürstchen, verschiedene leicht gegrillte Gemüsesorten, weiße gebackene Bohnen mit Oregano und einen Pasta-Salat …

Ihre Vermieterin Lucia hat ihnen goldgelbes Olivenöl und köstlich duftendes, selbst gebackenes Brot als Willkommensgruß geschenkt ... In einer kleinen Schale glitzern Salzkristalle, die mit toskanischen Aromen und einem Hauch von getrockneten Tomaten verfeinert sind. Lucia hat ihnen empfohlen, dass sie die Kristalle auf das in Öl getauchte Brot streuen sollen. Was für ein Genuss ...
Dazu gibt es natürlich ein Glas rubinroten Chianti, der nach Pflaumen und Amarenakirschen duftet. Ohne viel zu sagen, genießen Dirk und Lieselotte ihr Abendmahl ...

Die Sonne hat jetzt ihre Farbe zu einem dunklen Rot gewechselt und die beiden lauschen den Zikaden, die ihr abendliches Konzert geben ... Kurz bevor die Sonne ganz untergeht, verwandelt sich das Licht noch einmal ... Jetzt ist die Hügellandschaft in einen violetten Ton getaucht und alles wirkt ganz weich. Dann ist es dunkel ... Lieselotte holt schnell ein paar Kerzen aus der Wohnung. Gemütlich sitzen die beiden beim Kerzenschein und bemerken den angenehmen Duft der Pinien, die überall wachsen ... Dann hört Dirk plötzlich ein Summen. Mit der Abenddämmerung sind auch die Mücken gekommen. Aber alles nicht so schlimm. Dirk und Lieselotte kennen das schon aus vorherigen Urlauben. Sie sind vorbereitet und haben ein gutes Mückenspray und Citronella-Kerzen dabei. Zwar verströmen die Citronella-Kerzen einen angenehmen Zitronenduft ... dennoch denkt sich Dirk: „Ja, das riecht so ganz und gar nach der Toskana“.

Für den Nachtisch haben die beiden Cantuccini, ein Mandelgebäck aus der Toskana, und Vin Santo, einen süßen Dessertwein, eingekauft. Voller Genuss taucht Lieselotte einen Cantuccini in ihren gekühlten Vin Santo ... So kann der Urlaub weitergehen.

Gedächtnisübungen

1. Speisen beim Italiener gesucht

Die Teilnehmer nennen Speisen und Getränke, die man in einem italienischen Restaurant bestellen könnte.

Beispiele: Tiramisu, Pizza, Spaghetti, Bruschetta, Risotto, Minestrone …

2. Sprichwörter und Redewendungen rund ums Essen

Geben Sie Ihren Teilnehmern ein Wort vor und lassen Sie sie nach den dazugehörigen Sprichwörtern und Redewendungen suchen.

Beispiele:

a. Kloßbrühe → klar wie Kloßbrühe sein
b. Fett → sein Fett abbekommen
c. Ei → wie aus dem Ei gepellt sein
d. Kastanien → für jemanden die Kastanien aus dem Feuer holen
e. Suppe → ein Haar in der Suppe finden
f. Honig → jemandem Honig ums Maul schmieren
g. Leberwurst → die beleidigte Leberwurst spielen

3. Das Gewitter

Lesen Sie den Text vor. Ihre Teilnehmer sollen die Lösung finden. Dafür dürfen sie Ihnen Fragen stellen, die mit Ja oder Nein zu beantworten sind.

Im Urlaub sitzt Herr Schulze mit seiner Frau und seinen Kindern auf der Terrasse ihres Ferienhauses. Plötzlich sieht es so aus, als würde es anfangen, zu regnen. Schnell laufen Herr Schulze, seine Frau und die beiden Jungen ins Haus. Erika und Jasmin bleiben draußen. Warum?

Lösung: Erika und Jasmin sind Pflanzen.

Marktbesuch in Thailand

Bei der folgenden **Wahrnehmungsgeschichte** sollen die Teilnehmer gedanklich riechen, schmecken, hören, fühlen und sehen. Lesen Sie die Geschichte so langsam vor, dass die Teilnehmer genügend Zeit haben, die Sinneswahrnehmungen zu erfassen.

Lesen Sie die Geschichte erneut langsam vor und stellen Sie Ihren Teilnehmern vorab – je nach Leistungsfähigkeit – eine oder mehrere der folgenden Aufgaben:

- Merken Sie sich, wohin die Reise geht. *(Bangkok)*
- Merken Sie sich den Namen des Reiseleiters. *(Piya)*
- Merken Sie sich, was Monika kaufen möchte. *(Buddha-Figur aus Holz)*
- Merken Sie sich, wonach es bei den Garküchen riecht. *(nach Fisch und Kräutern, Fleisch und Curry)*
- Merken Sie sich, was in Säcken auf dem Markt angepriesen wird. *(Cashewkerne und Gewürze)*
- Merken Sie sich, wer nach Thailand reist. *(Monika, Hubert, Elsa, Günter)*
- Merken Sie sich, wonach es in den Markthallen duftet. *(nach Zitronengras, Basilikum, Koriander, Curry, Fisch und Fleisch)*

Marktbesuch in Thailand

Monika und Hubert haben sich von ihren Freunden Elsa und Günter zu einem gemeinsamen Urlaub in Thailand überreden lassen – Elsa und Günter sind dort schon oft gewesen. Heute ist es nun so weit.
Nach knapp elf Stunden Flug landet ihr Flugzeug in Bangkok… Hier sind es 30 Grad und die Sonne scheint von einem strahlend blauen Himmel…

Während sie auf ihr Gepäck warten, staunen Monika und Hubert über das bunte Treiben, das hier herrscht… Kurze Zeit später werden die vier Urlauber von ihrem Reiseleiter Piya in Empfang genommen und mit einem Bus zum Hotel gebracht.
Bereits diese Fahrt erweist sich als kleines Abenteuer, denn der Bus wird rechts und links von Autorikschas, sogenannten Tuk-Tuks überholt…
Die vier beziehen ihre Hotelzimmer und machen sich frisch. Dann beschließen Monika, Hubert, Elsa und Günter, einen Stadtbummel zu machen… Sie sind zwar von dem langen Flug alle etwas müde, doch wenn sie sich jetzt hinlegen, sind sie am Abend putzmunter.

Von den Garküchen, die es überall an den Straßen gibt, sind die unterschiedlichsten Düfte wahrzunehmen… Einmal riecht es nach Fisch und Kräutern… dann nach Fleisch und Curry…
Auf den Gehsteigen sitzen an kleinen Tischen Thailänder und Touristen und lassen sich die exotisch aussehenden Gerichte schmecken…
„Das Essen müsst ihr hier später unbedingt probieren", hören Monika und Hubert ihre beiden Freunde wie aus einem Mund sagen. „Es schmeckt einfach köstlich", schwärmen sie weiter. Monika und Hubert schauen die beiden skeptisch an. „Hier auf der Straße?", fragt Monika wenig begeistert. „Das sieht aber alles so fremd und teilweise undefinierbar aus…"
„Sei kein Frosch!", neckt Hubert seine Frau. „Wenn Elsa und Günter das Essen in der Vergangenheit überlebt haben, werden wir das auch."

In der Zwischenzeit sind sie an unzähligen Marktständen vorbeigekommen … Hier gibt es Taschen, Sonnenbrillen, Kleidung und Buddha-Figuren in Hülle und Fülle … Eine kleine Buddha-Figur aus Holz mit dickem Bauch und lachendem Gesicht hat es Monika sofort angetan und sie würde sie am liebsten gleich kaufen … „Diese Figuren begegnen dir hier an jeder Ecke“, meint Elsa. „Du kannst dir später immer noch eine kaufen.“

Mittlerweile ist es Abend geworden und ehe die vier in ihr Hotel zurückgehen, besuchen sie noch die Markthallen.
Monika und Hubert sind von dem Angebot der Waren überwältigt. Nicht nur unter freiem Himmel … sondern auch hier werden Obst, Gemüse, Reis, Kräuter und getrockneter Fisch angeboten … Es ist das reinste Fest der Sinne … Es duftet nach Zitronengras, Basilikum, Koriander, Curry, Fisch und Fleisch …
Überall stehen Körbe mit bekannten und weniger bekannten Früchten, wie Mangos und Pomelos … In Säcken werden Cashewkerne und Gewürze angepriesen … Die unterschiedlichsten Düfte steigen Monika, Hubert, Elsa und Günter in die Nase …
Dann kommen sie an einem Stand vorbei, der geröstete Käfer und Insekten anbietet … das ist in Thailand ganz selbstverständlich. Als ihnen der Verkäufer eine Tüte mit gegrillten Heuschrecken zum Probieren hinhält, sucht Monika das Weite … „Für kein Geld der Welt probiere ich diese Dinger“, ruft sie ihrem Mann und ihren Freunden aus sicherer Entfernung zu … „Lasst uns zurück zum Hotel gehen und an einer der Garküchen etwas essen. Das ist mir dann doch hundertmal lieber.“
Gesagt, getan – und so probieren die Freunde mit Lust und Appetit von vielen Köstlichkeiten.

Müde und den Kopf voller Eindrücke geht der erste Urlaubstag zu Ende.

Gedächtnisübungen

1. Abc der Gewürze und Kräuter

Die Teilnehmer suchen zu den Buchstaben des Alphabets Gewürze.

Beispiele: Anis, Basilikum, Curry, Dill, Estragon …

2. Richtig oder falsch?

Die Teilnehmer überlegen, ob die Behauptungen richtig oder falsch sind.

Beispiele:

a. Currypulver hat seinen Ursprung in Großbritannien. **Antwort: Richtig.**

b. Mangos sind kalorienarm. **Antwort: Falsch: 100 g Mango haben knapp 60 Kalorien, der Anteil des Zuckers beträgt 12,5 Gramm.**

c. Für die meisten Thais gilt es als unfein, die Gabel in den Mund zu führen. **Antwort: Richtig. Ausgenommen sind nur kleine Obstgabeln.**

d. Bangkok hat 200 Tempel. **Antwort: Falsch. Es sind über 400 Tempel.**

3. Länder und ihre Beinamen

Es gibt viele bekannte Länder mit sogenannten Beinamen, wie z. B. „das Land der aufgehenden Sonne" = **Japan**.
Lesen Sie Ihren Teilnehmern nachfolgende Beinamen vor, diese sollen das passende Land nennen.

Beispiele:

a. Das Land der Götter = **Griechenland**

b. Das Land der 1 000 Seen = **Finnland**

c. Die Insel aus Feuer und Eis = **Island**

d. Die Grüne Insel = **Irland**

e. Der Brotkorb Europas = **Ukraine**

f. Das Land der Dichter und Denker = **Deutschland**

Ein Besuch in Bremen

Bei der folgenden **Wahrnehmungsgeschichte** sollen die Teilnehmer gedanklich riechen, hören, fühlen und sehen. Lesen Sie die Geschichte so langsam vor, dass die Teilnehmer genügend Zeit haben, die Sinneswahrnehmungen zu erfassen.

Lesen Sie die Geschichte erneut langsam vor und stellen Sie Ihren Teilnehmern vorab – je nach Leistungsfähigkeit – eine oder mehrere der folgenden Aufgaben:

- Merken Sie sich, wann Birgit das erste Mal in Bremen war. *(vor 15 Jahren)*
- Merken Sie sich, wo sich Birgit mit ihrer Freundin trifft. *(bei den Bremer Stadtmusikanten)*
- Merken Sie sich, was passiert, wenn man eine Münze in den Gullydeckel des Bremer Lochs wirft. *(erst hört man ein Krähen, dann ein Miauen, dann ein Bellen, dann ein Iah-Geräusch)*
- Merken Sie sich, wie viele Glocken und wie viele Holztafeln im Haus des Glockenspiels hängen. *(30 Glocken und zehn Holztafeln)*
- Merken Sie sich, wer im Katzencafé schon gegessen hat. *(Roger Moore, Otto Waalkes, Udo Jürgens)*

Ein Besuch in Bremen

Birgit war das erste Mal vor 15 Jahren in Bremen und hat sich sofort in die Stadt verliebt. Vor allem schätzt Birgit, dass Bremen eine sehr gemütliche Stadt ist. Nicht so spektakulär und lebendig wie Hamburg, dafür hat sie ihren ganz eigenen und besonderen Reiz.
Heute besucht Birgit Bremen wieder einmal. Diesmal hat sie ihre Freundin Elise eingeladen, sie zu begleiten. Elise ist noch nie in Bremen gewesen, deshalb hat Birgit eine kleine Stadtführung für sie geplant.

Birgit und Elise treffen sich am wohl bekanntesten Wahrzeichen von Bremen, den Bremer Stadtmusikanten. Diese sind bekannt aus den „Kinder- und Hausmärchen" der Brüder Grimm. Auf einem Steinsockel steht ein sehr großer Esel … Auf dessen Rücken steht ein Hund … Auf dem Rücken des Hundes steht eine Katze … und auf deren Rücken steht ein Hahn …
Birgit erzählt ihrer Freundin, dass sie unbedingt an einem der Vorderbeine des Esels reiben muss. Das soll Glück bringen. Die Statue ist aus Bronze und Elise bemerkt, dass sie sich kalt und glatt anfühlt …
Eine weitere Attraktion gibt es in Bremen seit 2007. Es ist das Bremer Loch. Hier handelt es sich nicht um irgendein Loch, sondern um ein Loch, das mit einem besonderen Gullydeckel abgedeckt wurde … Wenn durch den Schlitz im Gullydeckel dann eine Münze geworfen wird, hört man erst ein Krähen … dann ein Miauen … dann ein Bellen … und schließlich sogar ein Iah-Geräusch … Während Birgit und Elise auf den Gullydeckel schauen, werfen lachende Kinder immer wieder Münzen rein. Was für ein Spaß …

Ein kleines Stück weiter, auf dem Marktplatz, steht der Bremer Roland. Der Roland ist eine Steinstatue von 5,47 Meter Höhe, vom Sockel bis zum Baldachin misst sie sogar 10,21 Meter … Eine der Besonderheiten

des Rolands sind seine spitzen Knie aus Metall ... Auch hier fordert Birgit Elise auf, die Knie zu berühren. Eine Legende besagt, dass der, der an den Knien vom Roland reibt, nach Bremen zurückkehrt ...

Dann gehen die beiden weiter zur Böttcherstraße. Birgit erklärt Elise, dass die Straße etwa 100 Meter lang ist und den Marktplatz mit der Weser verbindet ... Ihren Namen hat sie erhalten, da früher in dieser Straße die Fassmacher lebten. Fass heißt auch Bottich.
Heute gibt es in der Böttcherstraße viele kleine Kunstgewerbe, ein Spielcasino und eine Bonbonmanufaktur. Von dieser werden Birgit und Elise magisch angezogen. Sie bleiben vor dem Fenster stehen und sehen Bonbons in allen möglichen Farben und Formen ... Sogar rot-weiß gestreifte sind dabei ... Ein köstlicher Duft nach karamellisiertem Zucker strömt aus dem Geschäft ...

Etwas weiter befindet sich das Haus des Glockenspiels. Birgit erläutert, dass es so bekannt ist, da sein Glockenspiel aus 30 Meißner Porzellanglocken besteht. Diese waren ursprünglich außen blau und innen vergoldet gewesen ... Heute sind die 30 Meißner Porzellanglocken weiß ...
Das Glockenspiel spielt 3-mal am Tag verschiedene Melodien. Birgit und Elise müssen nur einen kurzen Moment warten und dann geht das Spektakel los. Zu hören ist das Lied „Die Gedanken sind frei" ...
Zum Glockenspiel rotieren zehn kleine Holztafeln, auf denen bekannte Ozeanfahrer, wie Christoph Kolumbus und Charles Lindbergh, dargestellt sind ...

Jetzt brauchen Birgit und Elise eine kleine Pause. Birgit schlägt vor, ins Katzencafé zu gehen. Auf dem Weg erzählt sie Elise, dass es dort allerdings keine Katzen gibt und es eigentlich auch kein Café ist. Es ist ein Restaurant, in dem schon Prominente wie Roger Moore ... Otto Waalkes ... Udo Jürgens ... gespeist haben. Also genau das Richtige für die zwei.